Zu diesem Buch

Die Theologin Dorothee Sölle berichtet von Menschenrechtsverletzungen in Brasilien, vom Bürgerkrieg in El Salvador, von den «Verschwundenen» in lateinamerikanischen Diktaturen, von der Vernichtung der Indianer in Guatemala, von der atomaren Aufrüstung in Ost und West, vom Nachrüstungsbeschluß der NATO.

Aber diese Texte erzählen auch von Menschen, die sich einmischen, die sich wehren, die Widerstand leisten: von Rüdiger, der während seiner Bundeswehrzeit den Wehrdienst verweigerte; vom Hungerstreik bolivianischer Frauen und Kinder, die die Freilassung ihrer verhafteten Männer und Väter erkämpften; von der Missionsschwester Ita Ford, eine der vier Frauen, die im Dezember 1980 in El Salvador von der Junta ermordet wurden; von der amerikanischen Gruppe «Pflugschar», acht Frauen und Männern, die im September letzten Jahres in einer Niederlassung von General Electrics zwei Träger atomarer Sprengköpfe zerstörten. Sie erzählen von jenen «Zeichen der Hoffnung, die von der Drohung der Folter, vom Terror des Schweigens und auch von unserem sanften Terror der Vergeßlichkeit nicht ausgelöscht werden können.» Denn Christ sein heißt in diesen Zeiten, ein Widerstandskämpfer zu werden, heißt sich einmischen, sich wehren, den Widerstand zu organisieren gegen den lebenszerstörenden und menschenfressenden Militarismus.

«Der Sinn dieses Buches ist, zum Widerstand aufzurufen, so daß wir die bewußte Regelverletzung, die gewaltfreie Illegalität, den bürgerlichen Ungehorsam anzuwenden lernen. Die Jünger Jesu handelten illegal; sie standen da, wo sie nichts zu suchen hatten; sie berührten, was sie nicht anfassen durften; sie verletzten eine Grenze in ihrer Gesellschaft, die als heilig anerkannt war. Das Wachsen der Friedensbewegung in Westdeutschland ist ein Zeichen unserer Stärke. Und, liebe nichtchristliche Leser, natürlich hilft beten. Natürlich hilft beten und sich eins wissen mit der Macht, die dem Grashalm durch den Asphalt hilft. Natürlich hilft wünschen, träumen, darüber reden, eine Vision haben und sie mitteilen im Handeln.»

Dorothee Sölle, 1929 geboren, lebt in Hamburg und hat seit 1975 eine Professur am Union Theological Seminary in New York inne. Frau Sölle ist Autorin zahlreicher Bücher; ihre letzten beiden Veröffentlichungen waren «Sympathie» (1978 im Kreuz Verlag) und die Gedichtesammlung «fliegen lernen» (1980 im Verlag W. Fietkau, Berlin).

Zum Thema bei rororo aktuell:

Carmen Castillo: Santiago de Chile. Ein Tag im
· Oktober (ro aktuell 4733)
Informationsbüro Nicaragua (Hg.): Nicaragua oder Ein Volk im
   Familienbesitz (ro aktuell 4345)
Rodrigo Jokisch (Hg.): El Salvador
   Freiheitskämpfe in Mittelamerika (ro aktuell 4736)
Freimut Duve/Heinrich Böll/Klaus Staeck (Hg.):
   Zuviel Pazifismus? (ro aktuell 4846)

Dorothee Sölle

Im Hause
des
Menschenfressers

Texte zum Frieden

Rowohlt

rororo aktuell – Herausgegeben von Freimut Duve

Originalausgabe
Redaktion Ingke Brodersen

1.–15. Tausend	Juni 1981
16.–25. Tausend	Juli 1981
26.–35. Tausend	September 1981
36.–43. Tausend	Dezember 1981
44.–55. Tausend	März 1982

Veröffentlicht im Rowohlt Taschenbuch Verlag GmbH,
Reinbek bei Hamburg, Juni 1981
Copyright © 1981 by Rowohlt Taschenbuch Verlag GmbH,
Reinbek bei Hamburg
Alle Rechte vorbehalten
Umschlagentwurf Werner Rebhuhn
(Foto der Autorin: Oswald Kettenberger)
Hinweise auf die Quellen finden sich am Ende der Beiträge
und im Quellenverzeichnis auf der Seite 171
Satz Bembo (Linotron 404)
Gesamtherstellung Clausen & Bosse, Leck
Printed in Germany
580-ISBN 3 499 14848 x

Für Fulbert

Säufer und Verwässerer
erster und letzter Leser
Beichtvater im Widerstand

der die Nacht kennt
und die Kerzen ansteckt
das Buch zu lesen

der mich beschützt
vor andern und vor mir
und niemanden aufgibt

außer sich selber manchmal

companero

Inhalt

Vorwort

Das Volk, dem ich angehöre, hat weder 1914 noch 1933, noch 1939 «nein» gesagt. Es hat auf die Frage «Wollt ihr den totalen Krieg?» tausendstimmig «ja» gebrüllt. Nicht ganz vierzig Jahre später gab es eine neue Frage, unter der wir heute leben. Sie heißt: «Wollt ihr die totale Aufrüstung?» Natürlich wird sie so nicht gestellt. Die NATO-Führer in Brüssel brauchen sich nicht demokratisch zu legitimieren, obwohl sie mehr Kontrolle über das Leben jedes Schulkindes in meinem Lande haben als irgend jemand, den ich wählen könnte. Die totale, nämlich atomare Aufrüstung vollzieht sich ganz ohne Aufklärung, ganz ohne Abstimmung, ganz ohne Erziehung. Die Ideologie der «Sicherheit» hat das alles überflüssig gemacht. Diesen Zustand nennen wir nicht «Verteidigungsbereitschaft», sondern «Militarismus»; neue Technologie und beste deutsche Tradition.

Das Wort «Frieden» taucht in den Reden führender Politiker immer seltener allein auf. «So ganz ungeschützt» sollte man es wirklich nicht mehr in den Mund nehmen. Es muß mit «Sicherheit» verbunden werden. Wenn man lautstark und militärisch klar genug über Sicherheit geredet hat, dann ist das angehängte «und Frieden» nicht mehr bedrohlich. First things first, erstmal absolute Sicherheit.

Der Wunsch nach absoluter Sicherheit schlägt in die größte Unsicherheit und Selbstzerstörung um; jeder Eheberater weiß das. Wenn der Wunsch nach Sicherheit neurotisch wird, und das ist er seit dem Dezember 1979, dann schützt er nicht, sondern zieht die Vernichtung an. Die gegenseitig versicherte Vernichtungskapazität ist in der Tat «mad», nämlich *m*utual *a*ssured *d*estruction. Aber kollektive Neurosen werden durch Erkenntnisse allein sowenig aufgelöst wie individuelle. Dämonen müssen ausgetrieben werden.

Von «Sicherheit» zu reden ist kein Buchstabenspiel. Es ist die Realität des Genozids, der heute geschieht: in El Salvador, in Südafrika und an vielen anderen Orten. Wir unterstützen das alles im Namen der militärisch abgesicherten Wirtschaftsdiktatur, die wir bedienen. «Sicherheit».

Wie kann man das Volk lehren, «nein» zu sagen, statt «läuft» und «wird gemacht»? Wie können wir uns selber zu einem hörbaren «Nein» erziehen? Wie können wir reden und handeln, begründet und geduldig für die, die ein Interesse an der Wahrheitsfindung haben und nicht jedes Märchen aus

Washington aufsaugen; militant und informiert genug für die, die bereits für kommunistische Propaganda halten, was aus Stockholm oder London kommt; ermutigend und stärkend für die, die es schon so lange wissen, aber bitter und zynisch geworden sind? Die hier vorliegenden Texte gegen den Militarismus versuchen, Sprachhilfen anzubieten. Es sind Texte zum Frieden, auch wenn einige von Folter, Menschenrechtsverletzung und die Herstellung von Hunger im Interesse des Profits handeln. Die beiden Teile des Buchs gehören zusammen, wie die Wirtschaftsplanung à la Milton Friedman und die Sicherheitsplanung à la Alexander Haig («Es gibt wichtigere Dinge als den Frieden») zusammengehören.

Das Dorf, aus dem diese Texte stammen, der Heimatdialekt, den sie sprechen, ist die jüdisch-christliche Tradition. Betont wird aber nicht so sehr die Friedensliebe dieser Tradition, die als bekannt gelten darf, als die Fähigkeit der Menschen zum Frieden, die zumindest im deutschen Protestantismus als wenig bekannt gelten muß. Christsein im Kontext des über uns herrschenden Militarismus bedeutet nicht, ein vorpolitisches Weihnachtsliedchen zu summen, wir müssen schon etwas deutlicher werden.

Mit «deutlich» meine ich: so militant, so gewaltfrei und so illegal wie Jesus und seine Freunde. Während ich diese Zeilen schreibe, stehen Freunde von mir, darunter Daniel und Phil Berrigan, in Norristown, im amerikanischen Bundesstaat Pennsylvania, vor Gericht, die sich als Gruppe «Pflugschar 8» nennen, nach dem Wort des Propheten Jesaja «sie werden ihre Schwerter in Pflugscharen umschmieden» (Jesaja 2,4). Diese acht Männer und Frauen haben am 9. September 1980 eine Niederlassung der General Electric in King of Prussia, Pennsylvania, betreten, wo Nuklearraketen gebaut werden (*re-entry vehicle* [*warhead*] *cones*). Mit Hämmern zerstörten sie zwei von diesen atomaren «Mark 12 A»-Sprengköpfen und schütteten menschliches Blut auf geheime Konstruktionspläne. Sie erklärten:

«Wir begehen zivilen Ungehorsam an General Electric, weil diese dem Völkermord dienende Einrichtung der fünftgrößte Waffenproduzent in den USA ist. Um ihre Stellung zu halten, zieht General Electric täglich 3000 Dollar aus dem öffentlichen Vermögen, ein ungeheurer Diebstahl, der an den Armen verübt wird. *We bring good things to life* ist ein täglich zu hörendes Reklameliedchen der General Electric. Tatsächlich bringt General Electric als Hersteller der Mark 12 A-Nuklearraketen *good things to death*. Durch diese Raketen wächst die Drohung eines Erst/schlag-Atomkriegs immer mehr. In diesem Sinne arbeitet General Electric an der möglichen Vernichtung von Millionen von unschuldigen Leben. Wir haben uns entschieden, Gottes Gesetz des Lebens zu gehorchen und nicht einer Geschäftsvorladung zum Tod. Wenn wir heute die Schwerter in Pflugscharen umschmieden, so versuchen wir, den biblischen Aufruf konkret zu machen.»

Mit «deutlicher werden» meine ich, daß wir die in vielen anderen Ländern entwickelten Formen des zivilen Ungehorsams endlich auch in Deutschland einüben. Der Sinn dieses Buchs ist, zum Widerstand aufzurufen, so daß wir die bewußte Regelverletzung, die gewaltfreie Illegalität, den bürgerlichen Ungehorsam gemeinsam lernen. Man kann gegen Gesetze und Eigentumsordnungen verstoßen, ohne Gewalt gegen Menschen anzuwenden. Noch ist unsere Phantasie in diesem Punkt etwas unterentwickelt. Wenn wir Anteil haben wollen an den Befreiungsbewegungen, dann ist der uns beherrschende Militarismus der Hauptfeind. Gewaltfreies Handeln steht in der Gefahr, wirkungslos zu bleiben. Aber vielleicht haben wir noch nicht genug einschlägige Erfahrungen mit Ungehorsam, Widerstand, dem Bruch der Regeln gemacht. Mit Eingaben, Briefen an Abgeordneten, Flugblättern und Demonstrationen allein ist gegen die Arroganz der Macht, die sich im Militarismus am deutlichsten ausdrückt, nicht anzugehen. Der demokratische Charakter gewaltfreier Illegalität muß sichtbar werden. Wir müssen endlich anfangen, auch am Sabbat ein paar Ähren auszuraufen.

Die Jünger Jesu, die das taten, verstießen gegen ein religiöses Gesetz. Sie handelten illegal; sie standen da, wo sie nichts zu suchen hatten; sie berührten, was sie nicht anfassen durften; sie verletzten eine Grenze, die in ihrer Gesellschaft als heilig anerkannt war. Das Heiligste in unserem Land ist das private Eigentum an den Produktionsmitteln; dient es dem Tod, so ist es noch heiliger, noch schützenswerter, noch mehr tabuiert. Jede Verletzung dieses Tabus wird als «Gewalt» verschrien werden, auch wenn sie mit Gewalt so viel zu tun hat wie ein Motorradschutzhelm mit Waffen. Das Ausufern der Gewaltdiskussion in unserem Land ist selbst schon ein Symptom. Wenn ich irgendwo über Hunger, über Folter, über die Auferstehung Jesu oder über die Todessucht unserer Kultur spreche, es wird nicht lange dauern und jemand wird fragen, wie ich denn zur Gewalt stünde.

Ist es Gewalt, wenn die Jünger Ähren ausrauften? Ist es Gewalt, wenn die Pflugscharleute wenigstens zwei Träger atomarer Raketen unbrauchbar machten? Ist es Gewalt, wenn ein Grashalm durch die undurchdringlich scheinende Asphaltdecke wächst? Ist es Gewalt, wenn das Wasser am Stein arbeitet? Ist es Gewalt, wenn die Kinder schließlich den Menschenfresser überlisten und ihn entmachten, ist es Gewalt, wenn sie seine Frau beschwatzen und erweichen und – vielleicht einmal – dazu bringen, «nein» zu sagen zu ihm?

Wir haben noch viel zu lernen und ziviler Ungehorsam drückt einen Glauben an die Lernfähigkeit von Menschen aus. Menschen sind der Konversion fähig, das ist eine der Botschaften des Christentums, die niemand ohne Schaden vergißt. Blinde lernen sehen und Lahme lernen gehen und solche, die sich immer nur beherrscht und reguliert und herumkommandiert fühlten, stehen auf. Wir sollten uns unser Konzept von Erziehung, Bewußtmachung, Lernen, den Frieden zu schaffen, nicht von den Massenmedien vorschreiben lassen, die scheinbar allmächtig in die Hände des

Staatsapparats spielen. Das Wachsen der Friedensbewegung in Westdeutschland im letzten Jahr ist ein Zeichen unserer Stärke.

Und, liebe nichtchristliche Leser, natürlich hilft beten. Seid doch nicht so blind, das hat doch mit organisierter Religion fast gar nichts zu tun. Sondern mit uns selber, unseren Wünschen, die wir nicht eintauschen gegen den Dreck, den sie uns ständig anbieten. Natürlich hilft beten und sich eins wissen mit der Macht, die dem Grashalm durch den Asphalt hilft. Natürlich hilft wünschen, träumen, darüber reden, eine Vision haben und sie mitteilen im Handeln.

Sich einmischen
heißt Widerstand organisieren

«Frei werden wir erst, wenn wir uns mit dem Leben verbünden gegen die Todesproduktion und die permanente
Tötungsvorbereitung. Frei werden wir weder durch
Rückzug ins Private, ins ‹Ohne mich›, noch durch Anpassung an die Gesellschaft, in der Generale und Millionäre besonders hochgeachtet werden.
Frei werden wir, wenn wir aktiv, bewußt und militant
für den Frieden arbeiten lernen.»

Ausschnitt aus: Dulle Griet (P. Bruegel)

Im Hause des Menschenfressers

Geboren in der Zeit des Gases
geriet ich später ins Haus des Menschenfressers.
Seine Frau die schöne rundliche
nahm mich fürsorglich auf
und gab mir reichlich zu essen
versteckte mich vor ihm
wenn er nach Hause kam

Jetzt lebe ich nicht so schlecht
im Hause des Menschenfressers
Tags geht er umher im Land
Raketen zu stationieren
die Landstraßen zu verwüsten
und die jungen Männer zu trainieren
im Doppeleinsatz draußen und drinnen.
Für den entfernten Feind
zeigt ihnen der Menschenfresser
den berühmten Erstschlag
für die Bürger im eigenen Land
die kräftig bestrahlt immer noch nicht still sind
hat er Hunde vorgesehen und Gas versteht sich.
Ich persönlich laufe tagsüber frei herum
im Hause des Menschenfressers
scherze mit seiner Frau und denk mir nichts weiter.

Nur am Abend wenn er nach Haus kommt
herumschnüffelt und mich sucht
zittere ich vor Angst
in meinem bombensicheren Kistchen
dann träumt es mir
von abgerissenen Gliedern
und von verhungerten gelblichen Kindern
dann hasse ich Vater und Mutter
die mich hierhergeboren

Eines Tages
das war noch nie anders
frißt uns der Menschenfresser
das war immer so
bisher.

Selig sind die Friedensstifter

Liebe Gemeinde,

Wir haben eben miteinander gesprochen: «Selig sind die Friedfertigen.» Lassen Sie mich noch zwei andere Übersetzungen dieses Verses ihnen auf den Weg geben – die eine, die sehr wörtlich ist, heißt: «Selig sind die Friedensstifter, sie werden Gottes Söhne heißen.» Und eine andere, die vielleicht das etwas dunkle Wort «Selig» ein bißchen klarmacht: «Freuen dürfen sich alle, die Frieden schaffen, sie werden Kinder Gottes sein.»

Ich möchte Ihnen erzählen von einem motorradbegeisterten Theologiestudenten, den ich vor einiger Zeit getroffen habe, ein Student der neuen Sorte ohne humanistischen Hintergrund, aber mit viel praktischer Leidenschaft, ohne Barock-Musik, aber mit «Rock gegen Rechts». Dieser Student Rüdiger hat mir erzählt über seine Erfahrungen in der Bundeswehr. Ich habe versucht, das hinterher möglichst wörtlich aufzuschreiben. Und das ist, was er gesagt hat: «Da gehst du kaputt, oder du machst mit. Da kommst du in die Kaserne. Plötzlich ist dein privater Raum ganz klein, ganz beschränkt. Ich hatte mir vorher ein Zimmer erkämpft zu Hause, es hat lange gedauert, jetzt kann ich nichts mehr aufhängen, kein Platz. Ich lebe aufs nächste Wochenende hin, will meine Freundin sehn. Immer nur in dem Kasten wäre vielleicht einfacher als halb zu Hause, halb dort. Aber das ist es nicht nur, was einen zerreißt. Da wird einem ein ABC-Krieg erklärt, wie das läuft, atomar, bakteriologisch, chemisch und so, und zugleich beruhigt man uns, alles nicht so schlimm, man soll sich nur unter den nächsten Hügel ducken, falls einer da ist, dann feststellen, wo die atomare Explosion war, dann melden. Alle wissen, daß das Stuß ist; man macht aber weiter mit. Man hält das nur aus mit viel Dealen und mit Alkohol. Die Bundeswehr», sagt Rüdiger, «versteht das nicht; entweder paßt du dich an, läßt alles mit dir machen, denkst einfach nicht weiter, Angriffskriege für die NATO, klar!, das ist nichts Neues, alles schon eingeplant, entweder machst du da mit, dann bist du kaputt, auch für später, am Arbeitsplatz lebst du dann auch so, läßt alles mit dir machen, wenn nur die Kohlen stimmen, oder du machst nicht mehr mit, fängst an, verstehst du, und das läuft dann nicht nur über die Informationen, da bist du mit deinen Emotionen ganz schön drin, da hast du eine wahnsinnige Wut im Bauch und heulst, da kapierst du was für dein Leben, fängst an!»

Rüdiger kam, wie Tausende, zur Bundeswehr. «Eine Alternative war gar nicht drin, von zu Hause aus!» sagte er. Er fing an, sich einzumischen, verweigerte, wurde abgelehnt, verweigerte wieder. Heute studiert er Theologie. Was mich an seiner Erzählung faszinierte, war der Punkt der Einmischung. Das Zimmer, was er sich erkämpft hatte, war plötzlich weg. «Das kann dir doch genauso passieren, wenn du Ersatzdienst machst», gab ich ihm zu bedenken. Da sagte er mir: «Das ist doch was ganz anderes. Da weißt du doch, *wofür* du das tust.» Sich einmischen, sich wehren, wissen, wofür man lebt, das gehört zu den wichtigsten Erfahrungen des Lernens. Ohne Einmischung wäre Rüdiger ganz normal seinen Weg weitergegangen. Er wäre jetzt «tot», wie er das nennt. Das heißt: Er funktionierte in irgendeinem Büro, an irgendeinem Arbeitsplatz. Er grübelt immer noch darüber nach, warum die Mehrzahl seiner Kumpels nicht mit ihm gegangen ist, als er anfing, sich einzumischen, warum sie solche Angst vor ihren Emotionen hatten, warum sie sich lieber totstellten, das versteht er nicht. Und je länger ich darüber nachdenke, um so weniger verstehe ich das.

Ich glaube, daß die Übersetzung unseres Bibelverses «Selig sind die Friedfertigen», wie wir sie von Luther kennen, eine Gefahr in sich trägt, nämlich die des friedlichen Dabeisitzens, die des berühmten Schneiders aus Sachsen, der über seinem Geschäft den Spruch anbrachte, der auf seinen Landesfürsten gemünzt war: «Unter deinen Flügeln kann ich ruhig bügeln.» Wenn das der Sinn von «Selig sind die Friedfertigen» ist, und in weiten Kreisen des deutschen Protestantismus ist das der Sinn von «Selig sind die Friedfertigen», dann ist das eine Verfälschung dessen, was Jesus gemeint hat, dann ist diese Übersetzung nicht richtig, dann müssen wir eine andere Übersetzung lernen, die mit «Frieden machen», wie es im Urtext heißt, «Frieden stiften», «am Frieden arbeiten» zu tun hat. Und das ist: sich einmischen. Wie wird man denn einer, der Frieden macht? Ich glaube, sich einmischen hat einmal damit zu tun mit dem Ich, das jemand nicht mehr versteckt und anonym hält. Als Rüdiger das nicht mehr aushielt, da kannte man ihn in der Kaserne. Als er die Zurückhaltung seiner Gefühle aufgab, da wurde er sichtbar, da war er ein «Spinner» geworden.

Wer sich einmischt, gibt ein Stück von seinem eigenen Leben zum Beispiel in eine Institution hinein, die damit keineswegs rechnet, die nicht auf Einmischung hin konstruiert ist. Sich geben heißt, sich bekannt machen. Von Jesus heißt es in den Evangelien, daß er die Dämonen nicht leben ließ, weil sie ihn kannten. Er war kenntlich geworden. Er hat sich eingemischt in die Krankheiten anderer, die doch deren Angelegenheiten sind, in die Herrschaft der Dämonen, die doch das Sagen haben. Institutionalisierte Herrschaft ist eine dämonische Angelegenheit, ist unkontrollierbar geworden und kommt einher wie das allmächtige Schicksal persönlich. Macht wird dabei ausgeübt durch das Verbot, sich einzumischen. Was für ein Krieg das ist, ob er zur Verteidigung eines angegriffenen Nachbarlandes oder zur Eroberung des wichtigsten Lebensmittels, nämlich des Öls, passiert, das geht dich nichts an, ob A-, B- oder C-Waffen, darüber hast du nicht zu befinden. Aber sich einmischen heißt, sich kenntlich machen, daß die Leute wissen, das ist *der*, der immer die Klappe aufreißt, der Spinner, das ist *die*, die auch nie zufrieden ist. Das riskieren, heißt: sich einmischen und nicht alles mit sich machen lassen. Das andere Element bei der Einmi-

Zwei oder drei Dinge die ich von Michael weiß

Michael erzählt wie er beim Bund
das Gewehr nicht berührte
und angeschrien Sie Blödmann
er hat Landwirt gelernt
muß ich Ihnen extra Beine machen
den Mut fand zurückzuschreien über den Kasernenhof
Ich bin Verweigerer
da lachten alle sagt Michael mit dem graden Gesicht

Dann sei er allein vor dem Spind gesessen
er mußte warten und bekam es mit der Angst
klingt komisch sagt Michael mit den offenen Augen
aber ich hab in der Bibel gelesen
da war meine Angst plötzlich weg

Vor einen Offizier geführt hat er nach zwei Stunden
zu hören bekommen warum
sollte die Bundeswehr einen wie Sie
kaputtmachen und plötzlich
kommen die meisten Gesichter mir krumm
und die meisten Augen mir geschlossen vor.

schung ist das Mischen, dieses Durcheinander, diese Verwirrung der Kompetenzen. Jesus hat immerzu Mischmasch produziert: Nicht die Bluts- und Familienbande waren wichtig, sondern wer den Willen Gottes tut, der ist mir Bruder, Schwester und Mutter: Das heißt: Private und öffentliche Angelegenheiten werden gerade durcheinandergebracht. Grenzen der Nähe, der Intimität zu wenigen und der Ferne und der Gleichgültigkeit zu den vielen werden nicht respektiert. Alles gerät in den Mischmasch, Religion, Glauben hat plötzlich mit Politik zu tun, psychisch Kranke haben plötzlich mit Normalen zu tun, nicht wie bislang nur mit Experten, Demokratie hat dann mit Einmischung zu tun und nicht mit Kompetenzabgrenzung und Einschüchterung durch die Experten.

Wenn wir lernen wollen, selber zu verändern und Friedensmacher zu werden, dann müssen wir lernen, selber hinzugeben und zu vermischen, wir müssen dabei lernen, uns selber aufzugeben, bekannt zu machen und diese Einteilungen unserer Welt, die alles in bestimmte Ordnungsschemata pressen, aufzugeben. Denn diese Einteilungen führen uns genau dahin, wo wir jetzt sind, nämlich in die Nähe eines dritten Weltkriegs. Unsere Zeit, das heißt die Zeit nach dem NATO-Beschluß vom Dezember 1979 zur Aufrüstung, ist ja oft mit 1914 verglichen worden. Die internationalen Spannungen haben ein Ausmaß erreicht, daß nur eine ganz kleine Dummheit eines der Führenden, nur ein kleiner Computerirrtum schon reicht, um die Weltkatastrophe auszulösen.

Ich meine, daß wir alle uns ändern müssen, wenn wir etwas daran tun wollen. Ich meine, daß wir alle uns ändern müssen. Ich glaube, die Frage, ob erst der einzelne oder erst die gesellschaftlichen Strukturen verändert werden sollten, ist eine relativ dumme Frage.

Wer sich einmischt, versucht, die Umwelt zu verändern, und dabei macht er die Erfahrung, daß er oder sie sich selber verändert, aber nur durch solche Einmischung ist Veränderung möglich. Denn jede andere Form von Lernen ist eigentlich nur so viel wert, wie wenn man Kaffee in eine Tasse schüttet. Das macht die Tasse im Augenblick zwar voll, aber sie bleibt trotzdem dieselbe Tasse. Wenn Lernen nicht mehr ist, als das, dann haben wir uns nicht verändert, und dann können wir auch nichts verändern. Solange ich in der Schule, am Arbeitsplatz, in der Kirche, in der Politik als eine Tasse behandelt werde, solange ich das zulasse, kann ich mich nicht verändern, weil ich mich nicht eingemischt habe. Auch Gott kann durch Gebote oder Versprechen nichts ändern. Heilen, Heilmachen, Neuwerden geschieht nicht durch Infusion, sondern durch Einmischen. Der christliche Fachausdruck für diese Einmischung, Gottes Einmischung in die Welt, heißt Inkarnation – das Wort wurde Fleisch, Gott mischte sich ein, in Jesus Christus, in die Ökonomie, in die Politik, in die Art, wie wir die Geisteskranken behandeln und in die Rüstung. Gott wollte etwas verändern, das hatte er und das hat er nötig. Lieben bedeutet nicht, jemandem etwas schenken, etwas Kostbares, wozu der andere keinen Zugang hat, das wäre immer noch ein ganz einseitiges Verhältnis, wobei der eine Mensch der Schenker ist, der andere Mensch die Tasse, in die etwas hineingetan wird. Lieben bedeutet, mit den Fähigkeiten des anderen etwas zu produzieren. Gott behandelt uns nicht wie leere Tassen, auch wenn die Theologen manchmal so daherreden. «Die Friedensstifter werden Gottes Kinder heißen.» Normalerweise wird man Sohn oder Tochter nicht durch Handeln, sondern durch Geborenwerden. Wir haben deswegen auch normalerweise keinen Einfluß, wessen Kind wir werden, aber in diesem Fall, in der Sache Gottes, ist das anders. Diejenigen, die Frieden machen, werden Kinder Gottes. Wir haben einen Einfluß darauf, wir sind mit im Spiel: Wir, als die, die sich einmischen könnten, handeln mit. Die, die wie Gott handeln, das heißt Frieden herstellen, werden seine Kinder genannt. So verstehe ich diese Seligpreisung. Gott fing an, mit uns zusammen etwas herzustellen, etwas Neues, das wir Frieden, Freiheit, Gerechtigkeit nennen. Er fing dieses Reich Gottes an; ohne unsere Kooperation kommt er da nicht weiter. Weil er sich aber eingemischt hat, darum können wir uns auch einmischen und weiter daran arbeiten.

Ich möchte das noch einmal negativ ausdrücken, um es klarzumachen: Wenn und solange wir uns nicht einmischen, sind wir ohne Gott. Damit meine ich gar nichts Besonderes, Religiöses, sondern ich meine ganz den normalen Alltag, in dem wir ohne Hoffnung, ohne Kraft, ohne Einmischung nur so weiter funktionieren. «Da gehst du kaputt», wie Rüdiger das gesagt hat. Oder: Wer sich nicht wehrt, lebt verkehrt – wer sich nicht einmischt, lernt nichts mehr. Wer nichts lernt, stirbt. «Warum wollt ihr sterben?» fragt der Prophet Hesekiel. «Werft von euch all die Missetaten, die ihr gegen mich begangen habt und schafft euch ein neues Herz und einen neuen Geist. Warum wollt ihr denn sterben, Haus Israel? Macht euch ein neues Herz.» Es wird klar, wenn wir konkret werden. Die größte Missetat gegen den, der Gerechtigkeit und Frieden will, in unserer Welt ist der Militarismus, den wir dulden und in den wir uns nicht einmischen.

Dabei meine ich gar nichts Utopisches, sondern etwas durchaus Realistisches. Ich rede über unsere nächsten Nachbarn, nämlich ein kleines Volk an unserer Grenze. Ich rede über die Holländer, die sich in anderer Weise einmischen als unser Land, für die offenbar ein Weltkrieg genügt hat, während bei uns zwei nicht mal langen. Die Holländer haben sich eingemischt in Sachen Frieden – «Abrüsten ja – Modernisierung nein!» – stand auf den Plakaten ihrer Demonstrationen vor dem Beschluß der NATO.

Das niederländische Parlament hat die Stationierung von Mittelstreckenraketen abgelehnt, und das ist ein Stückchen Regenbogen am Himmel. Dafür soll man dankbar sein, daß es so etwas gibt, daß Menschen in Europa verstanden haben, worauf es ankommt, was auf uns zukommt und was wir dagegen tun können. Wieviel Einmischung muß da gewesen sein, wieviele junge Leute müssen da Erfahrungen gemacht haben wie die, die Rüdiger beschreibt. Wie viele Gespräche, Kongresse, Radiosendungen und Artikel, Aktionen, Gottesdienste, Gebete müssen da gewesen sein? Wieviel Einmischung in die Behauptung von Experten, daß mehr Raketen mehr Sicherheit wären, wo sie in Wirklichkeit mehr Gefahr nach sich ziehen, als ob es nicht genügte, jeden einzelnen Russen elfmal killen zu können, als ob das nicht sicher genug wäre. Nun, die Holländer haben sich eingemischt, so wie sie vor Jahren einmal aufgehört haben, den Kaffee aus Angola zu trinken, sie sagten, er schmeckt nach Blut, sie haben das jeder Rentnerin erklärt, so geht das jetzt ähnlich. Das macht mich verrückt zu denken, daß dieses Volk etwas schafft, das mein Volk mit einer viel blutigeren Geschichte, einer entsetzlichen Geschichte, nicht schafft, daß hier die Menschen immer noch diesen Nachrüstungsbeschluß als eine Nebensache behandeln, gar nicht verstanden haben, was da eigentlich passiert ist an massivster Aufrüstung und Militarisierung unserer gesamten Gesellschaft.

Ohne Einmischung ins Jetzt kann uns auch die Vergangenheit nichts nützen. Wir haben dann nichts aus ihr gelernt. Unsere Toten sind umsonst gestorben, wenn wir uns nicht einmischen. Gegen wen rüsten wir denn auf? Gegen die Russen? Sind die Russen wirklich der Feind – oder ist Washington der Feind? Ist es nicht die Rüstung selber, die uns verschlingt? Rüsten wir nicht eigentlich auch gegen die Hungernden in der Dritten Welt? Wem verweigern wir denn die Hilfe? Wem überlassen wir denn die Welthandelsbedingungen, den in diesen Welthandelsbedingungen eingeplanten Hungertod?

In einem Flugblatt der amerikanischen Friedensbewegung habe ich den Satz gelesen: *Die Bomben fallen jetzt!* Daraus habe ich viel gelernt. Zuvor meinte ich immer, Aufrüstung, das sei eine Art Vorbereitung auf das, was vielleicht später, vielleicht nie kommt. Aber wenn man sich klarmacht, was es bedeutet zu sagen: *Die Bomben fallen jetzt!*, dann wird deutlich, daß die Aufrüstung, die unser Geld, unsere Steuern, unsere Intelligenz, unsere Anstrengung verschlingt, daß die auch unser eigenes Land zerstört und daß sie die Dritte Welt nicht zum Frieden oder zur Gerechtigkeit, zum Sattwerden kommen läßt. In der gesamten Welt arbeiten heute von hundert Wissenschaftlern etwa die Hälfte direkt oder indirekt für die Rüstung. 50 Prozent der Intelligenz arbeitet daran, den Overkill zu verbessern, bessere Bomben, bessere Mordpläne auszudenken. Die Amerikaner haben für dieses Gemisch aus Wirtschaftsinteressen, wissenschaftlicher Forschung und Militärmacht den Ausdruck «das industrielle militärische System» oder kurz: «das System» geprägt. Wenn ich ein Wort aus der Bibel suche, dann möchte ich eigentlich lieber sagen: das Tier, das große Tier aus dem Abgrund, das Tier mit den sieben Köpfen: mehr Energie, mehr Fortschritt, mehr Overkill, mehr Profit, mehr Weltmarkt, mehr Folter, mehr Lebensstandard. Ich habe Angst vor diesem Tier mit den sieben Köpfen. Weil ich Angst habe, mische ich mich ein. Ich versuche Widerstand zu organisieren. Deswegen stehe ich hier! Unterwerfung tötet, sie tötet jeden einzelnen von Ihnen. Sie können seelisch sterben an der Unterwerfung, an

Lob meines Vaterlandes

Vögel nisten an manchen Stellen meines Landes
die längst ausgestorben sind
noch diesen Sommer wurde in meinem Land
ein Dorf mit Brunnen und Kirchplatz gebaut
ehe die Planierraupen die Bohrungen sicherstellten
junge Männer in meinem Land füttern die Kranken
und machen ohne das Schießen zu lernen alte Leute sauber
Frauen gibt es in meinem Land die
ohne Sorge um ihre glatte Haut
sich darum kümmern daß andere Haut
napalmfrei unverkrebst und ordenslos bleibt

Von all diesen
Vögeln Dörfern Zivildienstlern und Widerstand
leistenden Frauen gibt es nicht genug in meinem Land
den dritten Krieg zu verhindern
von all diesen
gibt es noch nicht genug.

dem Mitmachen, an dem Sich-nicht-Einmischen, an dem Es-wieder-mal-nicht-gewußt-Haben.

Wir leben schon jetzt in einem Krieg gegen das wirkliche Leben. Wir leben im Krieg mit der Natur, die wir ausplündern. Wir leben im Krieg mit unseren eigenen Bedürfnissen nach einem einfacheren Leben, die wir verdrängen oder verschieben müssen. Wir leben in dem Kalten Krieg, der zwischen den Reichen und den Armen stattfindet und bei dem die Armen auf der Strecke bleiben. *Die Bomben fallen jetzt!*

Jetzt verhungern die von uns Ausgeplünderten und Im-Stich-Gelassenen. Sie fallen auf dem, was die Naivität früherer Zeiten manchmal «das Feld der Ehre» genannt hat.

Einmischung, das bedeutet: Widerstand organisieren. Seit dem November vorigen Jahres mit den NATO-Beschlüssen zur diesmal «Nachrüstung» genannten Aufrüstung vollzieht sich in unserem Land eine Militarisierung der Gesellschaft, die sie an vielen, vielen kleinen Beispielen, genau nachvollziehen können. Die Menschen sollen den dritten Weltkrieg als eine Möglichkeit annehmen. Sie sollen sich mit dem Gedanken vertraut machen; aus der eher verschwiegenen und gesellschaftlich nicht besonders anerkannten Rolle, die die Bundeswehr bislang hatte, soll jetzt die Bundeswehr ins volle Licht der Öffentlichkeit gerückt werden.

Ein paar Fakten dieser Militarisierung unseres Landes möchte ich nennen: Plötzlich wird die Frage «Frauen ins Militär?» publizistisch hochgespielt, ein geschickt lanciertes Interview bringt diese Frage ins Rollen, sie wird diskutiert, man bemüht dabei einige feministische Argumente, daß es doch besonders gleich sei, wenn auch die Frauen sich in diesen Handwerken ausbilden könnten etcetera.

Ein weiteres Faktum: Rekrutenvereidigungen finden öffentlich und unter großer Beteiligung der Medien pomphaft statt. Es ist etwas Wichtiges, etwas, worauf man noch stolz sein muß, man meint, es muß damit ins rechte Licht gerückt werden.

Ein weiteres Faktum: Eines der wichtigsten Bedürfnisse der Militärs wird wiederentdeckt, nämlich Orden zu tragen. Bislang war dieses Bedürfnis wohl nicht so wichtig, aber nun wird es wieder ausgegraben, eine kleine symbolische Geste, die tief bezeichnend ist für das, was an Militarisierung in unserem Land zur Zeit abläuft.

Weiter: Kriegsdienstverweigerer werden diskriminiert. Ihr Gewissen wird als überprüfbar eingestuft, alle Versuche, die von der Friedensbewegung unternommen worden sind, um zu erklären – gemäß einer protestantischen Auslegung von dem, was Gewissen ist –, daß das Gewissen nicht überprüfbar ist, sind abgeschmettert. Gewissen werden immer noch geprüft von Militärs. Wenn ich mir überlege, was in unserem Volk eigentlich gutläuft, was menschlich gerechtfertigt ist, worauf wir stolz sein können, so wäre eines der ersten Dinge, die ich nennen würde, unsere Zivildienstleistenden, diese Tausende von jungen Leuten, die den Dreck wegmachen, ohne die eine ganze Reihe von sozialen und karitativen Institutionen überhaupt nicht mehr funktionieren könnten, die also wirklich «Helden der Nation» sind, die mehr Mut, mehr Kraft, mehr Ausdauer beweisen als viele andere. Von ihnen spricht in diesem Zusammenhang natürlich niemand.

Ulrich Finckh, Pfarrer in Bremen, Vorsitzender der *Zentralstelle für Recht und Schutz der Kriegsdienstverweigerer aus Gewissensgründen,* teilte mit, daß Tausende von Kriegsdienstverweigerern ins Ausland geflohen seien, weil ihnen in der Bundesrepublik ihr Recht endgültig verweigert wurde. Monat für Monat würden Tausende von Kriegsdienstverweigerern durch die Prüfungsausschüsse nicht anerkannt. Tausende seien um ihres Gewissens willen ins Gefängnis gegangen oder psychisch krank geworden. Ungezählt seien «die menschlichen Tragödien durch die Unterdrückung des Gewissens».

Publik Forum 1/81

Der Militarismus, der in unserem Land wächst, vernichtet die Lebenschancen der Dritten Welt. Er bedroht die Zukunft unserer Kinder, aber er zerstört auch unser gegenwärtiges Leben. Er nimmt uns die Fähigkeit, Söhne und Töchter Gottes zu werden, Friedensstifter zu werden. Wenn wir den Militarismus zum Gott machen, für den kein Opfer zu klein ist, wenn Sicherheit unser goldenes Kalb ist, das wir anbeten und für das wir alles aufgeben, dann wenden wir uns von dem lebendigen Gott ab, dann fürchten und lieben wir den Militarismus. Aber indem wir das tun, belügen wir uns selber und zerstören unser eigenes Leben. Man kann nicht ungestraft mitmachen, mitdulden, Amen sagen, oder ruhig «unter deinen Flügeln weiterbügeln».

Einmischung heißt Widerstand organisieren. Was wir heute brauchen, was wir für die nächsten Jahre brauchen, ist eine breite, umfassende, von, sagen wir, der Mitte bis nach links gehende, Menschen umgreifende Widerstandsbewegung gegen den Militarismus.

Für den Frieden eintreten, gewaltfrei und illegal, sich einmischen, Partei ergreifen für das Leben. Ich glaube, wir können heute fast am meisten lernen aus den Befreiungskämpfen der Dritten Welt. Ich habe aus dem Widerstand in Chile ein Flugblatt in die Hand bekommen, das dort unter Lebensgefahr verbreitet wird. Diese Chilenen denken über ihre eigene Situation nach, wie sie unter dieser Diktatur leben, was dabei mit ihnen geschieht. Ich glaube, wir können vieles von dem, was sie dort sagen, für unsere Situation übernehmen, denn sie sagen: «Misch dich ein! Verweigere die Kooperation mit dem Tod! Wähle das Leben!» Dann sagen sie, und damit möchte ich schließen: «Laß nicht zu, daß man dir deine Seele austauscht! Amen!»

Fürbittgebet
Selig sind die Friedensstifter

Jesus, unser Bruder,
du zerbrichst das Gewehr
und machst die dir folgen
furchtlos und kämpferisch
        Die über uns herrschen, sprechen von nachrüsten
        und meinen aufrüsten
        sie sagen Verteidigung
        und meinen Intervention und ersten Schlag
        sie sagen Frieden
        und meinen Öl
Jesus, laß uns werden wie du und die Lüge nicht dulden
wir wollen den Militarismus nicht dulden
über uns nicht, neben uns nicht, in uns nicht.

Herr, erbarme dich . . .

Jesus, unser Bruder,
du störst das Geschäft mit den Waffen
du hast dich eingemischt
du hast Widerstand organisiert
        wir haben uns vor dem Elend der Armen versteckt
        in einem waffenstarrenden Luxuspalast wohnen wir
        Wir rüsten auf und lassen verhungern
Jesus, laß uns werden wie du und das Sterben nicht dulden
wir wollen dem Militarismus nicht dienen
nicht mit Worten, nicht mit Geld und nicht mit Lebenszeit

Herr, erbarme dich . . .

Jesus, unser Bruder,
du legst die Tötungsindustrie lahm
du treibst den Wunsch nach Totsicherheit aus unsern Herzen
du machst uns frei uns zu wehren
        die Militärs in unserm Land wollen wieder Orden tragen
        es kostet nur einhundertfünfzigtausend Mark
        dich auszuliefern hat einmal nur dreißig Silberlinge gekostet
Jesus, lehr uns verstehen, was Leben ist
wer sich nicht wehrt, lebt verkehrt
laß uns deine Brüder und Schwestern werden, die Frieden machen

Herr, erbarme dich –

Predigt im Lübecker Dom am 6. September 1980

Triumph des Todes (P. Bruegel)

Foto: Sven Simon

Und wie sieht der Menschenfresser eigentlich aus?

Auf einem Foto aus dem Hause Rheinmetall
zähle ich fünf Lebewesen und sieben Geschosse
Die Lebewesen sind mit Anzug, weißem Hemd und Schlips
    bekleidet
daraus entnehme ich daß es Männer sind
Ihr Haarwuchs rangiert zwischen noch voll gelichtet und dünn
daraus entnehme ich daß sie zwischen Ende Dreißig und Mitte
    Fünfzig sind

Alle bis auf einen haben die oberen Schneidezähne entblößt
daraus entnehme ich daß sie ein gutes Geschäft abgeschlossen
    haben
Alle halten mit der Rechten oder mit beiden Händen
die von ihnen produzierten Waffen innig stolz oder kumpelhaft fest
daraus entnehme ich daß sie Waffen lieben
Der innigen stolzen oder kumpelhaften Bewegung entnehme ich
    außerdem

daß sie gern einen bombenhaften Penis hätten
Alle hier sichtbaren Repräsentanten des Rüstungskonzerns
(mit Ausnahme des nicht Lächelnden der den Mund dümmlich
    offenhält)
wirken dynamisch genau und entschlossen auf mich
Daraus entnehme ich daß sie mein deutsches Schicksal lenken
    werden
wie bereits zweimal in diesem Jahrhundert
sofern wir sie nicht entmachten.

Am Abend aber, da die Sonne untergegangen war, brachten sie
zu ihm allerlei Kranke und Besessene. Und die ganze Stadt
versammelte sich vor der Tür.
Und er half
vielen Kranken, die mit mancherlei Seuchen beladen waren,
und trieb viele Teufel aus und ließ die Teufel nicht reden, denn
sie kannten ihn. Und des Morgens vor Tage stand er auf und
ging hinaus.
Und Jesus ging in eine wüste Stätte und betete daselbst. Und
Petrus mit denen, die bei ihm waren, eilten ihm nach.
Und da sie ihn fanden, sprachen sie zu ihm: Jedermann sucht dich.
Und er sprach zu ihnen: Laßt uns in die nächsten Städte gehen,
daß ich daselbst auch predige; denn dazu bin ich gekommen.
Und er predigte in ihren Schulen in ganz Galiläa und
trieb die Teufel aus.
Mk 1, 32–39

«Und trieb viele Dämonen aus und ließ die Dämonen nicht reden, weil sie
ihn kannten.»

Ich will diesen Text nicht länger als einen Bericht über irgend etwas
lesen, was vor langer Zeit mal geschehen ist, sondern ihn zurückverwandeln in die flüssige mehrdeutige Realität, in der wir leben.

Dämonen laufen herum, Horrorwesen, mit ungeheuren Kräften ausgestattet, blutgierig und todessüchtig. Belial und Samiel heißen sie, leben in
finsteren Einöden, fernab vom bebauten Land. Aber sie sind ruhelos und
mobil wie Topmanager. Sie kommen in die Dörfer und Städte und besetzen Menschen, einzelne und Gruppen. Sie machen sich ganze Völker gefügig und untertan. Die Menschen, in denen die Dämonen sich eingerichtet
haben, schreien und stöhnen vor Qual, aber sie können nicht freikommen.
Wollen sie es denn? Die Kranken und Besessenen werden zu Jesus gebracht; zumindest die Angehörigen wollen Heilung für die Leidenden.

Es ist ein Horrortrip. Die Dämonen trinken unser Blut aus, das wird
parlamentarisch bewilligt. Sie schreien nach «mehr», stärker, größer, lauter, besser – schreien sie. Keiner «will» auf den Horrortrip – aber «trippen»,
größer sein als alle, der Größte sein, alle hinter sich lassen: Wer will das
nicht? So «trippen» wir denn, mehr Energieverbrauch, freie Fahrt für freie
Bürger auf der Autobahn, für Kernkraftwerke. Der große Trip verspricht
das große Glück, den Wohlstand. Für dieses hohe Ziel gehen wir schon ein
paar Risiken ein, einen kleinen Eroberungskrieg fürs Öl, ein bißchen weniger Demokratie. Dieser große schöne Trip wird zum Horrortrip, zur Apo-

kalypse now. Einige Anteile der Seele, die von Dämonen besetzt ist, winden sich in Krämpfen, schreien fürchterlich, rasseln mit ihren Ketten, schleifen sich selber durch den Dreck. Einige Anteile der Seele wollen weitertrippen wie bisher. Dieser Zwiespalt – Ich will heraus, und: Ich will weitermachen – ist da. Ich will heraus, aber ändern will ich mich um keinen Preis.

Die Dämonen reden. Um zu verführen, zu herrschen, Menschen zu unterwerfen, müssen sie reden. Die Begleiterscheinungen, sagen sie, müssen wir in Kauf nehmen. Schließlich sind es nur 10 Prozent der Bevölkerung, die sich als psychisch Kranke unter dem Horrortrip winden. Schließlich sind die Belastungen nicht zu hoch, zwischen einem Fünftel und einem Viertel des Steueraufkommens. Und schließlich können wir dafür jeden einzelnen Russen elfmal töten; ist das nicht großartig? Wenn Killen sicher ist, wie sicher ist dann erst der Overkill!

Markus erzählt über Dämonen drei Dinge:
● Sie können zum Schweigen gebracht werden,
● sie kennen ihre Gegner,
● sie sind austreibbar.

Wenn die Dämonen verstummen sollen, dann müssen die, die sich vom Horrortrip losgesagt haben, kenntlich sein. Solange die Dämonen uns nicht kennen, solange haben wir auch kein Gesicht. Es reicht nämlich nicht mehr, so zu tun, als könne man ordentlich und friedlich, in einem unbesetzten Land, seinen Angelegenheiten nachgehen. Es reicht nicht, es nicht gewußt zu haben. Wir haben es alle gesehen: Harrisburg und Seveso.

Was den Rüstungshaushalt angeht, so fließt zur Zeit von rund 59 Milliarden Mark jede dritte in die Verteidigungskasse. Deren Erhöhung ist beschlossen. Eine Gesellschaft, die sich so etwas leistet, darf man mit Recht als «militarisiert» bezeichnen. Ein Land mit der stärksten europäischen Militär- und Polizeimacht ist, in den Augen seiner Nachbarn zumindest, ein militarisiertes Land. Ein von Dämonen besetztes Land. Wir haben gesehen, was läuft, und wir wissen, wie es weitergehen wird. Aber sind *wir* sichtbar geworden? Kennen *uns* die Dämonen? Gibt es *hier* eine Friedensbewegung?

In den nächsten Jahrzehnten werden die ökologischen Probleme und die Gewinnung alternativer Energien alle unsere Anstrengungen, finanziell und intelligenzmäßig, brauchen. Jede Mark und jeder Kopf, den wir für die Erhaltung des steinzeitlichen Umgangs mit andern Völkern verwenden, fehlt uns für die Lösung der zentralen menschheitlichen Fragen. Die Bomben, die wir für später, für den Ernstfall produzieren, fallen jetzt: auf die Hungernden, auf die Zerstörten, auf die, die eine sanfte Energie suchen und dafür zusammengeschlagen werden.

Wir sehen, was läuft. Aber sind *wir* sichtbar geworden?

Die Dämonen kennen Jesus und wissen, daß mit ihm nicht zu spaßen ist. Die NATO-Führer kennen die Holländer und wissen, daß man mit ihnen nicht alles machen kann. Die Dämonen in ihren *cruise missiles* können nicht einfach das ganze Land übernehmen, nicht einfach die Luft, das Wasser und die Energie aussaugen. Wen kennen die Dämonen in unserem Lande? Wen fürchten sie? Wer bringt sie zum Schweigen? Wo ist Jesus, wenn wir unsere «Verteidigungsbereitschaft» erhöhen? Wo ist die Kirche?

Ich kann mir nicht denken, daß irgendein Dämon die evangelische Kirche in Deutschland «kennt». Sie hat sich nicht kenntlich gemacht. Heute brüllen die Dämonen ja nicht mehr: Wollt ihr den totalen Krieg? Sie sagen «modernisieren», wenn sie aufrüsten, sie sagen Waffenhaushalt, als ginge es um ein paar Töpfe und Pfannen mehr, sie sagen Verteidigung, wenn sie Eroberung meinen, sie fühlen sich echt bedroht und schlottern mit den Knien; die Lichter gehen aus, winseln sie, da müssen wir doch aufrüsten.

Wenn Jesus Christus in der Bundesrepublik Deutschland in den achtziger Jahren anwesend wäre, dann müßten die Dämonen ihn kennen. Sie müßten ihn fürchten. Sie hätten dann gegen sich nicht nur die psychisch Kranken, nicht nur die Kinder der ausländischen Arbeiter, nicht nur die Arbeitslosen, nicht nur die Hilflosen, Ausgeflippten, Alten, Verbrauchten, sie hätten gegen sich einen, der vor ihren Kasernen steht und sagt: nein, nicht zum drittenmal in diesem Jahrhundert, nicht ums Verrecken und nicht ums Öl.

Er trieb sie aus, er brachte sie zum Schweigen. Er war kenntlich, er hatte ein Gesicht. An ihn glauben, heißt nicht sagen «toller Typ», sondern wie er werden: von ihnen gekannt sein, von ihnen gefürchtet werden. Militant werden, eindeutig und immer furchtloser. Mit ihm, wie er.

Aus: Assoziationen (hg. v. W. Jens), Stuttgart 1980, Bd. 3

«Alles ist möglich», sagt Jesus

Dies sind Überlegungen zum Verhältnis von persönlichem Glauben und der Aufrüstungspolitik. Was bedeutet es, ein Christ zu sein in einer sich zunehmend militarisierenden Gesellschaft? Was hat der NATO-Beschluß vom Dezember 1979 über die Stationierung von Nuklearraketen mit meinem Christsein zu tun? Wieso geht mich das ganz persönlich an?

Die Angst vor der Angst

Frömmigkeit, Glauben hat eine Qualität von Ganzheit. Wir suchen eine ganzheitliche Beziehung zum Leben. Frömmigkeit ist der Wunsch, sich selber vollständig, total dem tiefsten Sinn des Lebens zu geben. Ich zitiere das tägliche jüdische Gebet, das Sch'ma Israel: «Höre Israel der Herr unser Gott ist ein einiger Herr. Und du sollst den Herren deinen Gott lieben von ganzem Herzen, von ganzer Seele, von allem Vermögen» (5. Mose 6,4f). Oder in der Form, in der Jesus es aufnimmt: «Liebe den Herrn deinen Gott von ganzem Herzen, von ganzer Seele, von ganzem Gemüte und mit allen deinen Kräften» (Mk 12,30). Die große Hingabe an Gottes Leben in der Welt, ohne Abstriche, ohne Verleugnung oder Zurückweisung oder Verdrängung von einigen Kräften in uns. Fromm sein heißt: sich Gott geben, an der Bewegung der Liebe in der Welt teilnehmen und selber Liebe werden.

Diese Ganzheit unserer Hingabe ist unmöglich, solange wir mit unseren unbewußten Gefühlen zu kämpfen haben und uns nicht erlauben, sie zu kennen und zu verwandeln. Ganzsein hieße mit unseren Gefühlen dabeisein und mit unserer Erkenntnis dieser Welt. Aber wie ist das möglich? Wir leben in einem System von Unterernährung und Overkill, um es abkürzend zu sagen. Davon profitieren wir. Das große Tier aus dem Abgrund herrscht über uns.

Authentische Theologie ist gegründet in den Erfahrungen der Menschen. Das heißt andersherum: Theologie, die unsere tiefsten Erfahrungen verleugnet oder verschweigt, ist nicht echt, sie ist dann nur ein unverbundenes Stück der Tradition, eine Art Papierchristus, der, weil er nicht mit unseren Erfahrungen verbunden ist, auch ohne Kraft ist, uns mit unseren Gefühlen in Berührung zu bringen!

Der Papierchristus hat natürlich nichts mit dem November 1979 zu tun, nicht mit der Entscheidung der NATO, nukleare Waffen in Europa zu stationieren. Der Papierchristus ist darüber erhaben, er steht jenseits.

Wirklicher Glaube hat aber mit der Realität, in der wir leben, zu tun. Er fragt: Wie können wir unser Leben ganzheitlich leben in der Mitte einer

Tötungsmaschine, die wir bedienen, bezahlen und unterstützen. Wenn ich die Realität anzusehen, ihre Stimmen zu hören versuche, dann ist meine erste Reaktion wegzulaufen. Ich will nichts sehen. Ich will nichts davon wissen. Das ist buchstäblich wahr: ich kann die Zahlen, die Atomspreng-köpfe, die vernichtbaren Flächeneinheiten, die berechenbare Zielgenauig-keit nicht in meinen Kopf bringen. Ich vergesse es sofort wieder, nicht weil ich so dumm bin, sondern weil ich es eigentlich gar nicht wissen will. Es macht das Leben ja nur schwer, unerträglich.

Das Gleichnis von den Blinden (P. Bruegel)

In diesem Sinne bin ich nicht besser als meine Väter und Mütter in Nazideutschland, die ja auch «nichts gewußt» haben. Ich bin entsetzt, ich will vergessen, ich muß verdrängen, ich habe meine Angstge-fühle zu verdrängen und sie so schnell wie möglich beiseite zu schaffen. Diesen Zustand nenne ich die Angst vor der Angst. Sie lähmt mich und macht mich zu einem machtlosen Wesen. Die Angst vor der Angst blockiert mich und macht mich zu einem machtlosen Ding – eine Person, die sich selber nicht in den mächtigen Strom der Liebe geben kann und nicht in den Kampf. Die Angst vor der Angst macht mich fertig – zwischen mir und der Liebe ist die Angst und die Angst vor der Angst. In 1. Joh. 4, 10 lese ich: «Furcht ist nicht in der Liebe, aber die vollkommene Liebe treibt die Furcht aus.» Aber für mich stimmt das nicht: meine Liebe ist zu schwach, die Furcht auszutreiben, und statt dessen beherrscht mich die Furcht, sie übernimmt das Kommando. Wir leben unter einem Terrorsystem, es ist ein Schreckensregime, und die Militärstrategen, die es das Gleichgewicht des Schreckens, lateinisch des Terrors genannt haben, haben das Geheimnis richtig ausgeplaudert. Unter dem Gleichgewicht des Terrors zu leben macht uns machtlos und entschei-dungsunfähig. Wir haben noch nicht einmal eine Sprache, um gegen den uns beherrschenden Terror anzureden.

Die Verlogenheit der militaristischen Sprache ist oft beobachtet wor-den. Gegenschlag – *counterforce* ist eine Vorvernichtung der feindlichen Nuklearwaffen, ehe der Krieg überhaupt begonnen hat. Wenn die Bevöl-kerung nuklear vernichtet werden soll, so nennt man das *Countervalue*; sind dagegen nichtmilitärische Ziele bedroht, so spricht man von *Counter-force*. Der Ausdruck *counter* oder Gegenschlag soll den defensiven Charak-ter betonen und den aggressiven verschleiern, das ist das wichtigste Sprachspiel der Aufrüstungspropaganda. Gegenschlag ist eine Strategie, die nichts mit Verteidigung zu tun hat. CDU-Wehrexperte Wörner sagte im Dezember 1979, die NATO solle nun ihre Verfassung, ihren Auftrag neu definieren, die Verteidigung eines angegriffenen NATO-Staates sei nicht mehr ausreichend, wirkliche Verteidigung verlange auch vorsorgliche Erstschläge. Wirkliche Verteidigung ist offensiv! Verteidigung ist Angriff. Er wurde von der SPD zurückgewiesen, aber praktisch stimmt die Regierung mit dem, was er gesagt hat, überein: die Stationierung von 572 Mittelstreckenraketen in Westeuropa kann unter «Verteidigung» nicht gefaßt werden. Ebensowenig wie Carters Präsidentenrichtlinie PD 59 vom August 1980, die klarmacht, daß ein Krieg mit atomaren Waffen denkbar und führbar ist von seiten der Vereinigten Staaten. Das Neue an dieser Militärpolitik ist, daß die alte nebulose Unterscheidung zwischen Waffen, die «nur politisch» eingesetzt werden sollen als Drohmittel und solchen, die auch militärisch für den Ernstfall da sind, aufgehoben worden ist; die Atomwaffen waren zunächst als bloßes politisches Drohmaterial eingeführt worden; diese Verschleierung ist heute offenbar nicht mehr nötig. Wie hat es so weit kommen können? Ich will versuchen, einen kurzen historischen Blick zurückzuwerfen.

Nach dem Zweiten Weltkrieg gab es eine tiefe gefühlsmäßige und politische Opposition gegen die Remilitarisierung unseres Landes. Ich erwähne nur Gustav Heinemann.

In dieser Zeit wandte die Regierung kosmetische Sprachveränderungen an: das Militär benannte seine Institutionen um, aus Kriegsministerium, Kriegshaushalt, Kriegsforschung wurden Verteidigungsministerium, Verteidigungshaushalt, Verteidigungsforschung. Heute gibt das Pentagon 28 Millionen Dollar im Jahr aus für Public Relations, in anderen Worten für die psychologische Kriegsvorbereitung. «Nachrüsten» wird als neues Wort für «Aufrüsten» von der CDU erfunden und von Helmut Schmidt übernommen. In Wirklichkeit handelt es sich um die größte Eskalation der atomaren Aufrüstung, die niemanden sicherer macht, wie General Bastian gesagt hat. Noch vor der NATO-Entscheidung im Dezember 1979, die eines der wichtigsten Ereignisse der letzten zwanzig Jahre bundesrepublikanischer Geschichte ist, hat Breschnew einseitig als eine Geste guten Willens tausend Tanks und 20000 Truppen aus Ostdeutschland abgezogen. Er bot außerdem den Rückzug von sowjetischen Mittelstreckenraketen an, falls keine neuen Waffen der NATO stationiert würden. Die Zahl der Bomber und Raketen wurde von Moskau verringert, bei den Bomben zum Beispiel von 725 auf 525. Die NATO hat diese Tatsachen bezweifelt, heute werden sie von führenden US-Politikern bestätigt (vgl. *Frankfurter Rundschau*, 8. 12. 1980).

Aber das alles war dem Sicherheitsbedürfnis und den Industriebedürfnissen des Westens zuwenig. Das Wort «Nachrüsten» ist erfunden worden, um diesen Sachverhalt umzudeuten. Das Friedensinstitut in Oslo und andere neutrale Forscher haben festgestellt, daß die Sowjetunion in fast allen Bereichen etwa fünf Jahre hinter der amerikanischen Militärtechnologie herhinkt. Die Überlegenheit der Amerikaner und der Druck der Militärs haben die Sowjetunion in den letzten 25 Jahren dazu getrieben nachzuziehen. 1960 wurde zum Beispiel eine nichtexistente «Raketenlücke» ein *missile gap*, erfunden, die zu erhöhtem Raketenbau der USA trieb und zwei Jahre später in der Kuba-Raketenkrise eine Rolle spielte. Immer wieder wird eine massiv übertriebene Darstellung der russischen Kapazitäten gegeben, um die erschreckten amerikanischen Bürger zum Bau neuer Vernichtungswaffen bereit zu machen. Ein neurotischer Zirkel entsteht. Die militärische Projektion unserer schlimmsten Ängste bringt sie dazu, wahr zu werden.

Aber die Sprache der Angst macht uns unfähig zu sehen, was ist. Die Angst vor der Angst ist wie ein Dämon, der Macht über uns hat. Ich glaube nicht an Dämonen, die als unheimliche Wesen durch die Luft schwirren, aber die dämonische Qualität, die ich im wachsenden Militarismus sehe, hat mit dieser Angst vor der Angst zu tun. Es ist ein circulus vitiosus, ein unentrinnbarer Zirkel aus Angst und Ohnmacht, der zur Unterdrückung von Angst dient. Die lebensnotwendigen und rettenden Kräfte in der Angst werden von uns verdrängt, und wir bleiben allein in zynischer oder melancholischer Resignation. Ohnmacht ist eine der wichtigsten Züge unserer politischen und sozialen Kultur. In dieser Situation der Ohnmacht und Verängstigung ist es nützlich, sich die möglichen christlichen Stellungnahmen zu Krieg und Frieden noch einmal vor Augen zu führen.

Ich bin persönlich nicht zu einem Standpunkt der absoluten Gewaltfreiheit gekommen. Es mag zwar wahr sein, daß ich dem Gegner die andere Wange hinhalten kann, aber ich kann nicht die Wange meiner Schwester in Argentinien, deren Sohn gekidnappt und zu Tode gefoltert worden ist, hinhalten. Ich habe die Frage historisch anzusehen. Als die Rote Armee 1945 die Todeslager in Birkenau und Auschwitz befreite, war Hoffnung und Befreiung mit dem Schwert verbunden. Die Frage ist nur, ob diese Situation auf heute übertragbar ist. Es gibt drei verschiedene traditionelle christliche Haltungen zum Krieg: Pazifismus, die Lehre vom gerechten Krieg und den Kreuzzug.

Die letzte will ich als unchristlich und unmöglich ausschließen. Es ist kein Zufall, daß die Kreuzzugsideologie etwa gleichzeitig mit der Inquisitionsverfolgung von der Christenheit Besitz ergriff. Die Frage, wie Frieden zu bauen sei, kann verschieden beantwortet werden. Einige mögen der Linie der Kirchenväter folgen, die versuchten, die Kriterien für einen gerechten Krieg zu definieren. Ich würde in diesem Sinne zum Beispiel sagen, daß die kubanische und die sandinistische Revolution in Nicaragua die Kriterien für eine gerechte Revolution erfüllen, eine Revolution, die einen dauerhaften Frieden schafft, weil sie den Frieden an Gerechtigkeit bindet.

Der Briefwechsel zwischen Dan Berrigan und Ernesto Cardenal über Cardenals aktive Beteiligung an der Befreiungsbewegung ist ein wichtiges Dokument für diese Frage, wie Christen es mit dem Frieden halten. Cardenal veränderte seine Position von der Gewaltfreiheit zu den Sandinistas. Dan Berrigan, Jesuit und Dichter, Widerstandskämpfer wie sein Freund

Cardenal, fragte ihn, wieso er das Prinzip der Gewaltfreiheit aufgeben konnte und das Gewehr in die Hand nehmen. «Weißt du nicht, daß jeder, der Gewalt übt, nicht nur seine Opfer tötet, sondern sich selber zerstört?» Beide Männer sind Freunde von mir, ihr Engagement, ihre Liebe zu Gott ist außer jedem Zweifel für mich. Beide verkörpern etwas von dem mystischen und dem revolutionären Geist, den wir alle brauchen.

Als ich Ernesto 1979 traf, er war inzwischen im Exil, sagte er mir, er könne Dan nicht antworten, weil er ihn zu sehr liebe. Aber, weißt du, fügte er hinzu, er weiß nicht, was die Revolution ist.

Cardenal, der indessen Kultusminister in Nicaragua ist, hat seine Arbeit für den Frieden der Verpflichtung für die Gerechtigkeit untergeordnet. Was wir in der Ersten Welt aus dieser Diskussion lernen könnten, wäre, zu beiden Seiten der Friedensbewegung offen zu bleiben, keine der beiden Optionen zu verabsolutieren, mit beiden Flügeln der Friedensbewegung zusammenzuarbeiten. Hier bei uns handelt es sich nicht um einen Befreiungskampf, den Bauern und Fischer gegen eine Tyrannenclique führen. Es handelt sich vielmehr darum, daß wir alle, jung oder alt, an eine riesige Tötungsmaschine angeschlossen sind, ohne daß man uns gefragt hat, was wir mit unserer Zeit, unserer Intelligenz und unserem Geld tun wollen. Wir sind von einem Dämon beherrscht, er sitzt weder in Washington noch in Moskau, sondern durchaus eigengesetzlich in der Rüstung selber.

Warum nicht wir

Ich will eine biblische Geschichte heranziehen, um klarer zu machen, wie die Angst vor der Angst überwunden werden kann. Sie steht in Markus 9, 14–29.

«Und als sie zu den Jüngern kamen, sahen sie viel Volk um sie her und Schriftgelehrte, die mit ihnen verhandelten. Und alles Volk erstaunte, sobald sie ihn sahen, und sie liefen hinzu und grüßten ihn. Und er fragte: Was verhandelt ihr mit ihnen? Und einer aus dem Volke antwortete: Meister, ich habe meinen Sohn zu dir gebracht, der einen stummen Geist hat; und wo er ihn überfällt, reißt er ihn herum, und er schäumt und knirscht mit den Zähnen, und er magert ab. Und ich sagte deinen Jüngern, sie möchten ihn austreiben, und sie vermochten es nicht. Da antwortete er ihnen und sprach: O du ungläubiges Geschlecht, wie lange soll ich bei euch sein? Wie lange soll ich euch ertragen? Bringet ihn zu mir! Und sie brachten ihn zu ihm. Und als er ihn sah, riß ihn der Geist alsbald hin und her, und er fiel auf die Erde und wälzte sich schäumend. Und er fragte seinen Vater: Wie lange ist es her, daß ihm dies widerfahren ist? Er antwortete: Von Kindheit an; und er hat ihn oft sogar ins Feuer und ins Wasser geworfen, um ihn umzubringen. Aber wenn du etwas vermagst, so hab Erbarmen mit uns und hilf uns! Da sprach Jesus zu ihm: wenn du (etwas) vermagst? Alles ist möglich dem, der glaubt! Alsbald rief der Vater des Knaben laut: Ich glaube; hilf meinem Unglauben! Als aber Jesus sah, daß das Volk zusammenlief, bedrohte er den unreinen Geist und sprach zu ihm: Du stummer und tauber Geist, ich gebiete dir: Fahre aus von ihm und fahre nicht mehr in ihn hinein! Und nachdem er geschrien und ihn heftig hin und her gerissen hatte, fuhr er aus; und er wurde wie tot, so daß die meisten sagten: Er ist gestorben. Jesus aber ergriff ihn bei der Hand und richtete ihn auf, und er stand auf. Und als er in ein Haus gegangen war, fragten ihn seine Jünger für sich allein: Warum konnten wir ihn nicht austreiben? Da sprach er zu ihnen: Diese Art kann durch nichts ausgetrieben werden außer durch Gebet.»

Laßt uns dieselbe Frage fragen, die die Jünger Jesus nach der Heilung des epileptischen Jungen stellten: warum konnten wir den militaristischen Dämon nicht austreiben? Warum *wir* nicht? Die ganze Geschichte spricht über die Frage der Machtlosigkeit und bezieht sich auf die Frage des Glaubens. «Alle Dinge sind möglich dem, der da glaubt», sagt Jesus. Dieser Satz gehört in die Mitte der freimachenden Botschaft. Aber ist er wahr? Unsere ganze Erfahrung widerspricht dieser Behauptung. Während der letzten Jahre verstärkter Inflation und Unterdrückung, der harten Zeiten von mehr Hunger in der Dritten Welt und mehr Bewaffnung in der Ersten höre ich viele Leute sagen: «Nichts ist möglich! Wir können nichts machen.» Niemand hat uns gefragt, ob wir jeden Russen, Mann, Frau oder Kind, elfmal statt nur neunmal umbringen können. Was könnten wir denn tun? «Alles ist möglich», sagt Jesus.

Die meisten Leute in der biblischen Geschichte glauben diesen Satz nicht. Da sind die Jünger, die den bösen Geist nicht austreiben konnten und nicht in der Lage waren, den Jungen zu heilen. Die Schriftgelehrten haben sie, noch bevor Jesus auftritt, angegriffen. Es ist leicht, sich vorzustellen, was sie sagen; zum Beispiel: Ihr seid nicht besser als unsere Väter. Ihr könnt nichts verändern. Es macht überhaupt keinen Unterschied, ob ihr hier seid oder nicht. Wie kann euer Führer behaupten, das Reich Gottes sei da, wenn die Dämonen immer noch bei uns sind?

Jesus, statt seine Freunde zu trösten, ist noch kritischer. Er hat nur einige harte Worte für sie übrig. Er nennt sie ungläubig und verkehrt, pervers. Was hat der Unglauben mit Perversion zu tun? Meint er ungläubig und deswegen pervers? Ich würde es verstehen als gebunden an den Tod, nicht an das Leben; abhängig von der Todesmaschine; integriert in das Reich des Todes, beherrscht und regiert von den Mächten des Todes. So machtlos zu sein, wie sie sind, ist eine Art, tot zu sein.

Wenn das so ist, wie steht es dann mit uns?

Da ist der epileptische Junge selber, lange Jahre besessen von dem Dämon. Er hat mehrere Male versucht, sich selbst zu töten. «Der Geist hat ihn oft sogar ins Feuer und ins Wasser geworfen, um ihn umzubringen.» Die Selbstmordversuche sind ein anderer Ausdruck von Hilflosigkeit. Jesus hört dieser Geschichte von Besessenheit und Depression zu. Es ist, wie wir sagen würden, ein hoffnungsloser Fall. Er ist unheilbar, wenn wir eine objektive Sprache benutzen. Aber Jesus benutzt niemals diese Art von objektiver Sprache.

Da ist schließlich der Vater des epileptischen Jungen, der Jesus bittet, Mitleid zu haben. Jesus kritisiert ihn, mit beißendem Zorn. Der Vater sagt: «Aber wenn du etwas vermagst, so habe Erbarmen mit uns und hilf uns, falls es möglich ist!» Augenscheinlich fühlt sich Jesus verletzt durch diese Falls-es-möglich-ist-Rede. «Wenn du kannst», er wiederholt diese Worte und weist die Weltanschauung hinter diesen Worten zurück. «Alle Dinge sind dem möglich, der glaubt.» Warum reden die Leute in dieser Art? Weil sie unsicher, hilflos und im Zweifel über ihre eigenen Fähigkeiten sind. Sie haben ihre eigene Schwäche schon so lange erfahren, daß sie an ihre eigene Kraft und Stärke nicht glauben können. Warum haben sie nicht, was Jesus Glauben nennt? Warum haben wir nicht, was Jesus Glauben nennt? Warum können wir den Dämon nicht austreiben? Warum leben wir noch und noch unter der Angst vor der Angst? Warum sind wir besessen von dem militaristischen Dämon und in unseren ehrlichsten Stunden depressiv? Der Wendepunkt in dieser Geschichte ist, wenn der Vater aufschreit: «Ich glaube, hilf meinem Unglauben!»

Wir haben uns hier versammelt, um für den Frieden zu arbeiten. Laßt uns wenigstens versuchen, der Vater zu sein! Laßt uns die Position der Jünger verlassen, die hier bedeutet: keinen Glauben und keine Kraft zu haben und zu der des Vaters übergehen, die darin besteht, zwischen Zweifeln und Angst und Resignation auf der einen Seite und Glauben und Kampf einen kleinen Schritt zum Glauben zu tun. In dem Schrei des Vaters ist Hoffnung, und wenn wir laut genug schreien, dann würde in unserem Schrei auch Hoffnung sein. Warum können wir den Dämon nicht austreiben? Glaube bedeutet: an Gottes schöpferischer und heilender Macht Anteil zu haben. Es bedeutet, eins zu sein mit der Macht des Lebens. Es bedeutet, dieselbe Macht zu heilen und zu schaffen, in uns zu fühlen und in dieser Kraft zu handeln. Es bedeutet, Widerstand gegen den Tod zu organisieren.

Den Dämon beim Namen nennen

Glaube und Kampf sind eins. Die Tatsache, daß der Dämon immer noch bei uns ist und unser Blut aussaugt, ist eine materiell politische Frage und zugleich eine geistlich-spirituelle. Was bedeutet es, den Dämon auszutreiben? Zuerst bedeutet es, ihn beim Namen zu nennen, zu verstehen, wie sein Machtbereich konstruiert ist und die Prinzipien, nach denen er arbeitet, zu begreifen. Eine der Schwächen des traditionellen Pazifismus ist nach meiner Meinung, daß er oft nicht in der Lage ist, die Verflochtenheit der

Themen zu erklären. Der Dämon, mit dem wir zu kämpfen haben, ist nicht nur blutdurstiger Militarismus noch bloßes Sicherheitsbedürfnis und Mißachtung des menschlichen Lebens. Militarismus ist eine Notwendigkeit für das ökonomische System, unter dem wir leben. Wenn die Friedensbewegung über moralische Ermahnung hinausgehen will, dann braucht sie eine breitere Analyse, die die Schicksale von, sagen wir, drei Menschen in ihrem globalen Zusammenhang erkennen läßt; eine türkische Gastarbeiterin in Berlin-Kreuzberg, eine alleinstehende Mutter in einem Elendsviertel in Brasilien und ein Bankpräsident in Frankfurt. Das Leben dieser drei Menschen hängt ab vom wachsenden Militarismus.

In den beiden ersten Monaten dieses Jahres stiegen die militärindustriellen Aktien enorm an. Die *Frankfurter Allgemeine Zeitung* veröffentlichte am 31. Januar 1980 eine Anzeige, in der es heißt: Wir empfehlen jetzt, 25 Prozent ihres Geldgewinns in die Rüstungsspekulation zu stecken. Warum? Amerika stockt den Rüstungsetat um 16 Milliarden Dollar auf. Das ist der erste Anstoß. Dem folgen über kurz oder lang die Anschlußorders, ergo die Anschlußrüstung in der NATO und in anderen Staaten. Das ist wirtschaftlicher Klartext, die politischen Fragen tauchen gar nicht auf. Das ist nur ein Hinweis auf die sozio-ökonomische Dynamik. Den Dämon beim Namen zu nennen, bedeutet, den historischen Hintergrund der gegenwärtigen Aufrüstung zu verstehen. Seit 35 Jahren haben die USA ihre Außenpolitik auf die Überlegenheit des amerikanischen Militärs und der wirtschaftlichen Stärke gegründet. Die USA denkten nicht daran, diese Überlegenheit aufzugeben, auch wenn das bedeutet, den Atomkrieg zu riskieren. Nach dem Zweiten Weltkrieg brauchten die USA-Außenhandelsmärkte für ihre überschüssige Produktion. Aber wenige Länder hatten das Geld, um für amerikanische Ware zu bezahlen. Daher schuf Washington ein wirtschaftliches und militärisches Programm, die sogenannte Pax Americana. Sie hat zwei Ziele:

1. Die Amerikaner stellten durch Garantien und Darlehen 170 Millionen Dollar zur Verfügung, von 1945 bis 1975, um die Wirtschaftsverhältnisse der amerikanischen Verbündeten zu stabilisieren.

2. Der Wirtschaftsplan wurde getragen von einem Militärprogramm, das sicherstellte, daß die Regierungen, die sich entschieden hatten, unter der Pax Americana zu leben, beschützt sein würden, nicht nur vor Überfällen von außen, sondern vor allem von ihren eigenen Völkern.

Ohne amerikanische Waffen und Ausbildungshilfe hätte 1963 die dominikanische Regierung nicht durch Militärs gestürzt werden können; noch in Bolivien die Regierung durch General Rene Barrientos, noch in Brasilien durch General Castelleo Branco, noch die Allende-Regierung in Chile durch General Pinochet.

Nationen wie Saudi-Arabien, Jordanien, Korea, die Philippinen und die meisten der lateinamerikanischen Länder hätten schon längst eine Volksrevolution gehabt, wenn die Amerikaner nicht die Machthaber unterstützten. Der Zweck der großen Militärmaschine und der Wirtschaftshilfe ist genaugenommen, die Regierungen an der Macht zu halten, die den amerikanischen Interessen wohlwollend gegenüberstehen. Alle, die gegen die amerikanischen Interessen handeln, dürfen nicht an die Macht kommen.

Der Bürgerkrieg in El Salvador gegen die Militärjunta: Als er anfing, sagte ein amerikanischer Politiker: «Wir haben Nicaragua verloren, wir können es uns nicht leisten, El Salvador auch noch zu verlieren.»

Die Pax Americana ist ein Friede, der auf Ungerechtigkeit und Unterdrückung aufgebaut ist; er garantiert den Ausbeutern die Freiheit auszubeuten, und wo immer diese Freiheit gefährdet wird, durch ein Volk, das seine Freiheit anders definiert, da greift das Militär ein und beschützt die Interessen der Multinationalen oder US-Konzerne, die sich oft mit der nationalen Machtelite in der Dritten Welt verbündet haben. In diesem Sinne ist die Militärmacht ein Teil des neokolonialistischen Wirtschaftssystems. Und jede Steigerung des Wettrüstens muß nicht nur als ein Schritt in den Kalten Krieg zwischen Ost und West verstanden werden, sondern vielmehr als ein Schritt in den Krieg, den die Reichen gegen die Armen führen, der Norden gegen den Süden.

Auf einem Flugblatt der Friedensbewegung lese ich: «Die Bomben fallen jetzt» (*The Bombs are falling now*). Damit stellt das Flugblatt fest, daß das Rüstungssystem nicht die Vorbereitung auf einen militärischen Konflikt in der Zukunft ist, sondern der Krieg, den wir bereits haben, in dem wir bereits leben und in dem jeden Tag etwa 15000 Menschen fallen, weil sie nichts zu essen haben. Unsere Welt hat genug Nahrung, um alle satt zu machen, aber da findet ein Wirtschaftskrieg statt, dessen Gewalt 800 Millionen Menschen auferlegt wird, die in einem Zustand leben, den Robert McNamara absolute Armut genannt hat. Das sind Lebensbedingungen, in denen Unterernährung und Analphabetentum die Norm sind, wo Krankheit und erbärmliche Lebensbedingungen überhand nehmen und die Kindersterblichkeit hoch ist und die Lebenserwartung niedrig. Wir müssen verstehen, daß es nicht auf ein Fehlen von natürlichen Reichtümern oder einem Faktor wie Überbevölkerung zurückzuführen ist, daß diese Leute am Rand des Verhungerns leben und ihre Kinder auf Grund des Proteinmangels geistig zurückbleiben.

Die Bomben fallen jetzt.

Der Wirtschaftskrieg geht weiter. In Brasilien gibt es ein sogenanntes Wirtschaftswunder, daß sich in Bruttosozialproduktzahlen ausdrücken läßt. Nur die armen Leute bleiben hungriger als je zuvor, und ein Grund dafür ist, daß schwarze Bohnen, das Grundnahrungsmittel der Armen, nicht mehr angebaut werden. Statt dessen baut man Sojabohnen für den Export an. Auf Teilen des besten Bodens in Südamerika werden heute Erdbeeren und Orchideen gezüchtet, im Interesse wirtschaftlicher Verflechtung und Abhängigkeit findet auf der ganzen Welt eine systematische wirtschaftliche Abhängigmachung statt. Praktisch eine Verelendung auch der Länder, die noch vor kurzem genug zu essen produzieren konnten. Dieses Abhängigmachen, Ausrauben und Verelenden anderer Teile der Welt ist eine Folge unserer Wirtschaftsexpansion, für die wir die militärische Aufrüstung als Sicherung brauchen.

Die Bomben fallen jetzt, nicht später einmal. In der Hoffnung, die Sowjetunion zu Tode rüsten zu können, rüsten wir tatsächlich die Dritte Welt zu Tode, weil wir ihnen nicht die Hilfe geben, die sie brauchen, ja mehr, weil wir sie nach wie vor an eine Weltwirtschaft anbinden, deren erklärtes Ziel es ist, die Reichen reicher und die Armen ärmer zu machen.

Wenn wir uns in Westdeutschland im Dezember 1979 für Kanonen statt Butter entschieden haben, so betrifft das einmal schon heute unsere eigene Lebensqualität. Ärzte und Pflegerinnen, Sozialarbeiter und Lehrerinnen müssen eingespart werden; wir müssen sozial abrüsten, um militärisch aufzurüsten. Aber noch ganz anders trifft es die Verarmten in der ganzen Welt. Westdeutschland ist unter den führenden Nationen im Waffenhandel. So exportieren wie den Tod zu den Ärmsten.

Die Bomben fallen jetzt auch in einer weiteren Hinsicht, nämlich genau in die Gemeinschaft der Wissenschaftler. Die Bomben zerstören den Geist der Forscher. Die Produktion chemischer Waffen, als sogenannte C-Waffen lange geächtet, läuft in neuen Programmen gerade an. Die Forschung in den Vereinigten Staaten arbeitet an der Entwicklung eines sogenannten Nervengases, das unsichtbar und geruchlos ist und innerhalb von fünfzehn Minuten wirkt: Kopfschmerzen, Erbrechen, Muskelzucken führen schnell zu Koma und Tod. Man schätzt, daß über 400000 Wissenschaftler und Techniker in der Rüstungsindustrie beschäftigt sind, von denen, deren Forschung nur vermittelt zur Erhöhung der Tötungskapazität benutzt wird, ganz zu schweigen. Man muß sich klarmachen, was diese Zerstörung der menschlichen Vernunft bedeutet; was die Erniedrigung der menschlichen zur bloß noch instrumentellen Vernunft im Menschen anrichtet. Wenn Wissenschaft und die Erforschung von Wahrheit zu einem Anhängsel der Militärmaschine werden, so wird auch die sogenannte Freiheit der Forschung limitiert auf die Interessen der Sicherheitsideologie. Die Bomben sind bereits gefallen und haben die Fähigkeit einer Vernunft, die vom Interesse an dem Wohlergehen der ganzen menschlichen Familie geleitet war, zerstört. Unter dem Mantel wissenschaftlicher Neutralität und in einem vorgeblich politikfreien Raum wird die Wahrheitsfähigkeit einer Gruppe ausgelöscht, die immerhin die menschliche Intelligenz für unser Zeitalter repräsentiert.

In unserem Land ist Militär nicht mehr eine hinterfragte Lebensnotwendigkeit, er braucht keine moralische Rechtfertigung mehr. Er durchdringt zunehmend alle gesellschaftlichen Institutionen: die Produktion, die Wirtschaft, die politische Theorie, das soziale Leben, Erziehung und Psychologie. In all diese Bereiche rückt der Militarismus vor. Im Dezember 1980 forderte der Verteidigungsminister von der Konferenz der Kultusminister «im Schulunterricht verstärkt Sicherheits- und friedenspolitische Fragen zu behandeln» (*Frankfurter Rundschau*, 6. Dezember 1980). Die Reihenfolge dieser Begriffe spricht für sich selber; die kritische Einstellung der jungen Generation gegenüber der Bundeswehr wird als Begründung für das neue Schulfach genannt. In der Sprachregelung der Herrschenden erscheint Friedenspolitik seit neuestem immer weniger allein, als ein durch das Wort «Frieden» hinreichend definiertes politisches Ziel; der richtige Ausdruck ist «Sicherheits- und Friedenspolitik» und was das bedeutet, hat der Verteidigungsminister in einem Interview sehr klar gesagt: «Wir [gemeint ist die Bundesregierung] müssen im westlichen Bündnis-Motor sein, wenn es um die Erhaltung der Verteidigungsfähigkeit und Möglichkeiten der Rüstungsbegrenzung geht» (*Deutsches Allgemeines Sonntagsblatt*, 27. Mai 1979). Als ob wir in diesem Jahrhundert nicht hinreichend «Motor» waren für die, wie es in unnachahmlicher Rhetorik heißt: Erhaltung von etwas, das offenbar trotz des größten Wehretats in der Geschichte der Bundesrepublik, bedroht und geschwächt ist, nämlich unsere «Verteidigungsfähigkeit». Nicht unsere Friedensfähigkeit wird als unterentwickelt angesprochen, sondern unsere Verteidigungsfähigkeit, unsere Wehr-Kraft.

Selig sind die Friedensstifter

Es genügt aber nicht, den Dämon beim Namen zu nennen. Es ist notwendig, Widerstand zu organisieren, Widerstand, der damit beginnt, daß wir Zellen und Gruppen bilden, die sich dem Dämon entgegenstellen und ihm den Kampf ansagen. Wir müssen kämpfen, um unsere eigene Würde wieder anzueignen, die in der Partizipation an der Macht besteht. Das hatte Jesus im Sinn, wenn er die Widerstand Leistenden seiner Zeit pries und sie «Friedensstifter» nannte. «Selig sind die Friedensstifter, denn sie sollen Kinder Gottes heißen» (Matth. 5,9). Beide Ausdrücke, Friedensstifter und Söhne Gottes, waren durchaus unangebracht, wenn ein galiläischer Wanderradikaler zu einer Handvoll Fischer redet. Das Wort Friedensstifter, eirenepoios, ist auf Münzen des römischen Kaisers zu finden, einer dieser schmeichlerischen Titel, mit denen die römischen Kaiser sich gern anreden ließen. Ein anderer Titel derselben Qualität war Sohn Gottes oder Sohn des Höchsten. Im damaligen Römischen Reich waren die Kaiser die einzigen, die man Söhne Gottes nennen konnte, weil sie Friedensstifter waren und die Pax Romana aufrechterhielten. Wenn Jesus diese Wörter benutzt, um gewöhnliche Leute zu benennen, so enthält das zwei Grundgedanken. Einmal, Frieden kommt nicht von oben, durch reisende Diplomaten oder mächtige Kaiser, Frieden wird durch gewöhnliche Männer und Frauen gemacht. Sodann: diese kleinen Leute werden zu Recht Söhne und Töchter des Höchsten genannt, weil sie an Gottes Macht teilhaben.

Das führt uns noch einmal zu der Geschichte über Glauben und Macht und Unglauben und Ohnmacht zurück. Jesus widerspricht dem «Falls-es-möglich-ist»-Gerede. Er definiert Glauben als das Alles-ist-möglich-Reden. Wir wollen noch einmal darüber nachdenken, welche Theologie in der Geschichte vom epileptischen Jungen und seinem Vater steckt. Was bedeutet es im Licht dieser Geschichte, Glauben zu haben?

Als ich Theologie studierte, lernte ich, daß Glauben Vertrauen auf Gott bedeutet. Aber jetzt scheint es mir nicht genug zu sagen, daß Glauben Vertrauen bedeutet, weil es dann so aussehen könnte, als wäre alle Kraft und Stärke bei dem, auf den man vertraut, und alle Schwäche bei dem, der vertraut. Jetzt möchte ich lieber denken, daß alles dem möglich ist, der glaubt. Das ist mehr als das Vertrauen eines Kindes auf den starken Vater, es bedeutet vielmehr, endlich erwachsen zu werden. Der Glaube wird real, wo Stärke und Schwäche zusammenkommen. Er bedeutet, ein Ebenbild Gottes zu werden, nach seinem Bild geschaffen.

Es ist nicht wichtig, menschliche Wesen als physische Abbilder Gottes anzusehen, es kommt vielmehr darauf an, daß wir uns selber ansehen als solche, die wie Gott handeln können, nämlich in einer mächtigen kreativen, Leben gebenden Art. Im Bilde Gottes geschaffen sein bedeutet, an Gottes Macht teilzuhaben, es bedeutet Mitschöpfer zu werden, Co-creator. Das sind nicht irgendwelche idealistischen und überoptimistischen Benennungen, sondern Erfahrungen, die wir selber kennen und die uns in der Mitte unseres Leben betreffen. Denken wir an sexuelles Glück und an das Glück einer Arbeit, die uns erfüllt. Beide Erfahrungen sind selten genug, aber doch real. Wenn uns diese Stücke unseres erwachsenen Lebens gelingen, dann lernen wir uns selber neu kennen und werden tiefer mit dem Leben verbunden. Freud sagt in einer berühmten Definition, daß Gesundheit bedeute, arbeits- und liebesfähig zu werden. Damit ist genau die Partizipation an der Macht des Lebens gemeint, die der Mehrzahl der Menschen unserer Gesellschaft verweigert wird. Das biblische Bild für diese Anteilhabe an der Macht des Lebens ist, daß wir ein Ebenbild Gottes sind.

Die jüdische religiöse Tradition hat aus dieser Ebenbildlichkeit Gottes eine Lehre von der Nachahmung Gottes entwickelt, die wir in unseren Taten erreichen können. Gott nachahmen bedeutet sehr einfache Dinge: die Nackten kleiden, so wie Gott Kleider für Adam und Eva machte; es bedeutet, die Toten begraben, weil Gott selber den Moses begrub; es bedeutet, die Hungrigen speisen, wie Gott den Elia durch Raben speiste. Es bedeutet, Gerechtigkeit herzustellen und nicht länger in der Ohnmacht zu verharren. Wir sind im Ebenbild Gottes geschaffen, weil wir wie Gott handeln und das Gegebene transzendieren können. Wir können Gerechtigkeit und daher Frieden herstellen.

Alles ist möglich, sagt Jesus. Ich lese diese Geschichte über den epileptischen Jungen im Licht unseres Seins im Bilde Gottes, aber ich bin mir bewußt, daß es ganz widersprechende Arten gibt, diese Geschichte zu lesen, wie ich sie in einigen theologischen Kommentaren finde. Manche Theologen sprechen so exklusiv wie möglich über die Wundermacht Christi, über seine Fähigkeit, Wunder zu tun und zu heilen, wo wir zu Ende sind. Einige Theologen betonen die wohlbekannte Schwäche des menschlichen Wesens und unsere Unfähigkeit, das zu tun, was Gottes allmächtige Hand allein vollbringt. Einige Prediger benutzen diese Geschichte um die Entfernung zwischen Gott und uns, zwischen Christus und uns zu vergrößern. Ich kann nicht mit dieser Deutung übereinstimmen. Ich erwähne das theologische Denkmuster von «Christus hat das gebracht – wir können nichts», weil es in der innerkirchlichen Diskussion zwischen denen, die Aufrüstung für nötig halten («Den Frieden sichern») und denen, die ohne den Schutz der Waffen leben wollen («Ohne Rüstung leben») eine große Rolle spielt. Eine Theologie, die den Menschen als ohnmächtig ansieht, wird zum Schutz der eigenen Interessen die Aufrüstung befürworten.

Ich glaube, das Interesse des Erzählers unserer Geschichte besteht darin, die Jünger Christus gleich zu machen: wenn sie Glauben hätten, würden sie Wunder vollbringen wie er, alles würde ihnen möglich sein. Ohne Frage ist das das Interesse Jesu, uns aus der Perversion, der Liebe zum Tod, zu lösen, uns frei, das bedeutet in Verfügung über unsere Kräfte, zu setzen. Frieden wäre möglich, Abrüstung wäre möglich, Gerechtigkeit könnte sein auf einer Erde, deren Vorräte für alle reichen.

Christus ist uns nicht dazu gegeben, daß wir uns schwach und ohnmächtig fühlen, er ist nicht «da oben» und wir nicht «ganz da unten». Seine Macht ist nicht ungeteilte Macht, denn das wäre böse Macht, die einer an sich risse gegen andere. Christi Macht ist die gute Stärke, die größer wird, wenn sie geteilt wird. Sie ist geteilte Macht, an der wir Anteil haben. Auch Christus konnte den epileptischen Jungen nicht ohne den Vater heilen, er brauchte den Glauben des Vaters. Er ist angewiesen auf die anderen. Was wäre eine Heilung, wenn der Vater des Jungen sich nicht von Grund auf änderte? Und wie könnte Frieden werden, wenn wir nicht umdenken lernten!

Alles ist möglich für Gott durch die, die an ihn glauben. Gehören wir dazu? Warum denn konnten wir den größten Dämon, der unser Leben beherrscht, nicht austreiben? *Wer* glaubt eigentlich an Gottes Frieden, an die weitergehenden Wunder Jesu, an die mögliche Heilung, an Gottes in uns andauernde Schöpfung von Frieden und Gerechtigkeit? Glauben wir an Gott?

Nein, wir glauben an Aufrüstung. Unser Leben bestätigt immer wieder die Erfahrung, daß eben nicht alles möglich ist. Wir können eben nicht abrüsten wegen der Russen! Weil wir nicht abrüsten können, können wir die Hungrigen nicht speisen. Statt dessen müssen wir die Preise für Lebensmittel hoch genug halten und die Lebensmittel vernichten. Nichts ist möglich, solange wir nicht aus dem Zirkel der Angst, des neurotischen Sicherheitsbedürfnisses, der Angst vor der Angst, der Ohnmachtserfahrung herauskommen.

Ein Christ sein heißt in diesen Zeiten, ein Widerstandskämpfer zu werden. Es heißt, Widerstand aufzubauen und einzuüben auf den verschiedenen Ebenen unseres Lebens. Es fängt beim Kriegsspielzeug an, das wir nicht mehr kaufen, schenken oder ertragen, und mit Kriegsspielzeug meine ich auch die Orden, die unsere Bundeswehr plötzlich wieder nötig hat; es geht über die furchtlose Aufklärung unserer sogenannten Sicherheitspolitik bis hin zur konkreten Weigerung, im Atomkrieg als Soldat oder Krankenschwester wieder einmal nichts als seine Pflicht zu tun, es geht darüber hinaus zu Akten des zivilen Ungehorsams, wie Steuerverweigerung, Blockade von Waffentransporten usw., wie wir sie aus der Geschichte des Widerstands gegen den Vietnam-Krieg in den Vereinigten Staaten kennen.

Die Ziele der Friedensarbeit sind gestaffelt. Ohne Rüstung leben ist eine langfristige, im besten Sinn des Wortes utopische Forderung. Der Dämon kann ausgetrieben werden, er muß uns nicht für alle Zeit beherrschen, quälen und zum Selbstmord treiben. Dieses große Ziel sollen wir aber aufteilen in einzelne Schritte. Die holländische Friedensbewegung hat gefordert: Schafft die Atomwaffen aus der Welt und fangt damit an in den Niederlanden! Wir müssen der Illusion oder Zwecklüge, ich will das nicht entscheiden, der Regierung entgegentreten, man könne durch und nach Aufrüstung besser verhandeln, als ob sich die 572 Euroraketen so leicht wieder abschaffen ließen, wenn wir sie erst einmal haben! Dieses mittelfristige Ziel, die NATO-Beschlüsse nicht zu verwirklichen, kann aber nur erreicht werden, wenn wir kurzfristig jetzt auch in unserem Lande eine der holländischen Friedensbewegung vergleichbare Bewegung entwickeln. Menschen zu aktiven Werkzeugen des Friedens zu machen ist der erste Schritt. Wir müssen lernen, uns zu sammeln und uns zu repolitisieren an Hand des wichtigsten Themas unserer Zeit. Dazu brauchen wir die Gewißheit der Stärke, die uns hilft, die Ohnmacht zu überwinden. Glauben lernen wir nur miteinander. Wir brauchen die Erfahrungen der älteren Menschen von dem, wozu Aufrüstung schon zweimal in diesem Jahrhundert geführt hat. Wir brauchen die elementaren Ängste vor der Zerstörung unserer Erde, die in der jungen Generation lebendig sind. Wir brauchen jeden Menschen in unserem Land, um gegen den Tod aufzustehen. Alles ist möglich, laßt uns anfangen, ihm zu glauben.

Vortrag auf der Peace Conference in Denver (USA),
im Frühjahr 1980

Wozu wir den Menschenfresser brauchen

Seit 1974 simuliert die NATO ihre Manöver anders
Fremde Heere aus dem Osten überfallen uns
wie schon so oft
Hungernde Arbeitslose von innen
machen mit ihnen gemeinsame Sache
Das ist neu
bei den vorbereitenden Kriegsspielen.

Kreuzigen

kreuzigen
     hinrichten – beseitigen – ausdemwegräumen –
     indieeinzelzelleverlegen – elektrischeslichtbrennen-
     lassen – lebenslänglichgeben – sonderbehandlunganordnen
kreuzigen
     umdieeckebringen – vernichten – liquidieren –
     ausmerzen – säubern – exmatrikulieren –
     bereinigen – begradigen – sanieren – kündigen –
     mitkündigungdrohen – jemandenfertigmachen

Kreuztragung (H. Bosch)

kreuzigen

nichtszuwohnengeben – nichtslernenlassen –
ineineanstalteinweisen – auseinemkurortausweisen –
inseinemästhetischenempfindenverletztsein –
dasnichtmitansehenkönnen –
unseregegendnichtverschandelnwollen – vergasen

kreuzigen

ineindeutschesfürsorgeheimschicken – kriminalisieren –
jemandenabhängigmachen – jemandensüchtigmachen –
neurotisieren – einenkopfkürzermachen –
kopflosmachen – verdummen – denbodenunterdenfüßenwegziehen –
verängstigen – brutalisieren

kreuzigen

vergessen – verschweigen – esdochnichtaufbauschenwollen –
verdrängen – esnichtgewußthaben –
esfüreineneinzelfallhalten –
esfürunabänderlicherklären – eszulassen

kreuzigen

kaltmachen – zumverstummenbringen –
einenknebelindenmundstopfen –
jemandemkeinesprachebeibringen –
taubmachen – dieohrenverstopfen –
vertrösten – blindmachen – dieaugenausstechen –
jemandenzumkonsumentenerziehen –
blenden – ersticken

kreuzigen

dieendlösungvorbereiten –
aufdiewerteunserergesellschaftausrichten –
anpassen – hinrichten –

Aus: D. Sölle / F. Steffensky (Hg.): Politisches Nachtgebet in Köln. Bd. 2. (Kreuz Verlag), Stuttgart – Berlin o. J.

Große Fische fressen kleine Fische (P. Bruegel)

Und jenseits der Grenze

Und jenseits der Grenze
das ist Ihnen doch bekannt
wohnt ein viel schlimmerer Menschenfresser
ganz und gar undemokratisch
mästet er sich
an Hab und Gut und Steuern
an Leib und Zeit und Leben
an Geist und Seele und Forschung
der Armen die ihm unterworfen sind

außerhalb jeder Fdgo
das müssen Sie sich immer vor Augen halten
wächst er ungezügelt
und soll nach den neuesten Berichten
dreikommasieben Zentimeter mehr Leibesumfang haben
während sein Lebendgewicht
ein viertel Pfund unter dem unseres Menschenfressers bleibt
und das gleich hinter der Grenze

so daß uns doch gar nichts anderes übrigbleibt
als die Unterernährung
des Menschenfressers hierzulande
durch geeignete Methoden
aufzufangen
wir müssen ihn einfach
nachernähren.

Demokratisieren statt militarisieren

Im November 1979 hat die NATO beschlossen, atomare Mittelstreckenraketen erstmalig in Europa zu stationieren. Dieser Beschluß ist eines der
wichtigsten Ereignisse der letzten zehn Jahre für jeden von uns. Eine neue
Eskalation der Aufrüstung begann. Sie bedeutet:

weltpolitisch:
Die Armen müssen noch ärmer werden. Die Industrieländer haben drei-
ßigmal mehr Geld für Aufrüstung als für Entwicklungshilfe. Täglich werden mehr als zwei Milliarden für die Zerstörung der Menschheit aufge-
bracht. Diese Bomben und Raketen fallen nicht irgendwann einmal, sondern heute. Auf die Verhungernden.

ökonomisch:
Unser extrem hoher Lebensstandard soll mit militärischen Mitteln verteidigt werden. Was bei der Vorbereitung des Naziweltkriegs «Volk ohne
Raum» hieß, heißt heute «Volk ohne Öl». Wir brauchen die Aufrüstung,
um die wichtigste Energiezufuhr zu sichern, wenn's sein muß, mit Gewalt.

strategisch:
Die alte Konzeption der NATO als eines Schutz- und Trutzbündnisses zur
Verteidigung ist aufgegeben worden, von den Vertretern der Unionspar-
teien ausgesprochen, von den übrigen indirekt durch die Zustimmung
zum NATO-Beschluß. Die neuen Waffen sind offensiv, nicht defensiv.
Das neue Schlachtfeld ist Europa, auf jeden Fall die beiden Deutschland.

innenpolitisch:
Um militärisch aufzurüsten, müssen wir sozial abrüsten. Die Gesellschaft
wird durchmilitarisiert. Die Bundeswehr wird öffentlich aufgewertet, ge-
feiert und mit Orden «geehrt». Friedenskräfte werden diskriminiert.
Überprüft wird das Gewissen nicht derer, die das Töten lernen, sondern
derer, die Alte und Kranke pflegen.

Als Christen müssen wir den Parteien nicht die rhetorische Frage stellen:
wollen Sie den Frieden? sondern: wollen Sie dem Frieden durch mehr oder
durch weniger Rüstung dienen? Einige Politiker plädieren für Aufrüstung;
andere meinen, Auf- und Abrüstung gleichzeitig betreiben zu können. Als
Nachfolger Jesu können wir nur eindeutig für eine einseitige, begrenzte
Abrüstung eintreten.

   Die Aufrüstung entspringt dem «Geist der Furcht». Aber «Gott hat uns
nicht gegeben den Geist der Furcht, sondern der Kraft, der Liebe und der
Zucht» (2. Tim. 1,7). Furcht führt zu dem neurotischen Sicherheitsbedürfnis, das nie satt wird und sich, im Bund mit anderen Interessen, immer
weiter eskaliert. Glaube führt dazu, den Frieden zu wagen.

Dietrich Bonhoeffer schrieb 1934:

«Wie wird Friede? Durch eine allseitige ‹friedliche› Aufrüstung zum Zweck der Sicherstellung des Friedens? Nein! Es gibt keinen Frieden auf dem Weg der Sicherheit. Denn Friede muß gewagt werden, ist das eine große Wagnis, und läßt sich nie und nimmer sichern. Sicherheit fordern heißt Mißtrauen haben, und dieses Mißtrauen gebiert wiederum Krieg.»

Der Geist Christi ist ein Geist, in dem wir Frieden wagen können; indem wir auf Gewalt verzichten, auch einseitig; indem wir begrenzt abrüsten; indem wir die Gesellschaft demokratisieren statt sie zu militarisieren.

Rede vom 20. September 1980 in Hamburg

Menschenfresserkunde

Der Herr Verteidigungsminister fordert
von den Kultusministern
einen neuen Unterrichtsgegenstand
für die Schuljugend

Anders als im Nachbarland
wo bekanntlich zum Haß erzogen wird
wollen wir der sich ausbreitenden Abneigung gegenüber
Sachlich bleiben

Anders als im Nachbarland
das bekanntlich keine Bedrohung von unserer Seite zu fürchten hat
wollen wir *Politisch begründen*

Anders als im Nachbarland
dessen Bürger sich nicht informieren dürfen
wollen wir *Pädagogisch vermitteln*

Anders als im Nachbarland
wo die Kirchen bekanntlich unter Verfolgung leiden
wollen wir *Theologisch legitimieren*
daß wir den Menschenfresser
über alle Dinge fürchten und lieben

Die Sicherheitsunfrienzpolitik der Bunzrepublikdeutschland

Ein kleines Hundchen steht vor der Tür
an der Leine des Menschenfressers

erst mal Sicherheit sagt Herrchen
dann kriegst du auch einen schönen Knochen

erst mal das geruch- und geräuschlose Nervengas
in fünfzehn Minuten vom Kotzen zum Koma
dann erforsch ich dir auch die Hungerbekämpfung

das kleine Hundchen an der Leine des Menschenfressers
hebt nur das Bein, es bellt nicht mal.

Dinosaurier

Die Dinosaurier
haben sich während der letzten dreißigtausend Jahre
nicht verändert
ihre Waffentechnik war zu gut
kein Feind konnte ihnen
dank des Schuppenpanzers und ihrer weitausgreifenden Arme
etwas wollen.

Auch die Theorie des ersten Vernichtungsschlags
scheint ihnen bekannt gewesen zu sein.
Ihr Sicherheitsbedürfnis muß
unvorstellbar gewesen sein
so daß Intelligenz und Gefühl
in den relativ kleinen Gehirnen
sich nicht entwickeln konnten.

Die Versuchungen des heiligen Antonius (H. Bosch)

Ohne Rüstung leben
oder
Sicherung des Friedens?

«Was die Atombombe darstellt, ist die Verneinung des Menschen. Nicht nur, weil die Gefahr besteht, daß sie die gesamte Menschheit vernichtet, sondern vor allem, weil sie die menschlichen Eigenschaften nutzlos und unwirksam macht: Mut, Geduld, Intelligenz, Unternehmungsgeist.»
Jean-Paul Sartre

Als Jean-Paul Sartre das 1945 sagte, war die Atombombe noch in ihren Kinderschuhen. Die 572 Atomraketen, die die NATO für Europa vorgesehen hat, enthalten jede für sich vierzigmal die Vernichtungskapazität einer Hiroshima-Bombe.

Wie reagieren Christen auf die Bedrohung des Friedens? Als ich vor kurzem in England auf einer Vortragsreise zu Fragen der Abrüstung sprach, bekam ich als erste Reaktion die Frage gestellt: «Sind Sie ein Unilateralist?» Die Diskussion ist in England, ähnlich wie in Holland und Skandinavien, ein Stück weiter als bei uns. Zwei Auffassungen werden vertreten: die einseitige unilaterale Abrüstung als Vorleistung oder die beiderseitige bilaterale Abrüstung nach Verhandlungen. Die prinzipielle Streitfrage ist, ob man dem Frieden durch mehr Rüstung, durch Entwicklung neuer Waffentechniken, wie zur Zeit des chemischen Kriegs, durch Abschreckung und Bedrohung des Gegners dient oder ob man dem Frieden durch Einseitigkeit, durch Verzicht auf Entwicklung neuer Waffen wie der Atomwaffen, die im Beschluß der NATO vom Dezember 1979 vorgesehen sind, näher kommt. Wenn ein freundlich klingendes Wort wie «entwickeln» in dem Zusammenhang von Waffentechnik gebraucht wird, so sind damit Tätigkeiten gemeint wie: erforschen, testen, produzieren, darin ausbilden, lagern und weiterverkaufen. Wie können wir mit den nunmehr vollentwickelten Atombomben leben? Die Auseinandersetzung um den Frieden geht mitten durch die englische Labour Party, selbst durch die deutsche SPD, sie geht auch durch die evangelische Kirche in Deutschland. Auch in ihr stehen Menschen, die sich verpflichtet haben, «ohne Rüstung zu leben», solchen, denen es um die «Sicherung des Friedens» geht, gegenüber.

Der Streit ist alt. 1959 war in den Heidelberger Thesen festgehalten worden, daß unter christlicher Perspektive Menschen dem Frieden sowohl mit wie ohne Waffen dienen können. Aber diese «Schaukelformel», wie Heinrich Albertz sie nannte, ist heute, da der Friede nicht gerade sicherer ist, erneut umstritten. Der ökumenische Weltrat der Kirchen hat in Nairobi 1975 gefordert, den Militarismus zu bekämpfen. Dieses Programm ist in Westdeutschland nicht sehr bekannt geworden; es fordert die Kirchen auf, «ihre Bereitschaft zu betonen, ohne den Schutz von Waffen zu leben und auf eine wirksame Abrüstung zu drängen». Diesen Appell haben evangelische Christen in der Bundesrepublik, bisher etwa 10000, aufgenommen in der Aktion *Ohne Rüstung leben*. Es ist eine Art Selbstverpflichtung, auf den Schutz von Waffen zu verzichten. Das einfach formulierte und deswegen oft für «naiv» gehaltene Programm ist indessen weiterentwickelt worden und vertritt inhaltlich die Position der neutralen Friedensforscher, die die Überlebenschancen der Menschheit darauf gründen, daß einige anfangen, einseitig, unilateral und schrittweise abzurüsten. Der Gewaltverzicht steht im Mittelpunkt dieser christlichen Haltung: «Wenn wir die Rüstung nicht abschaffen, schafft sie uns ab» (Gollwitzer).

Indessen hat sich die Gegenseite unter dem Stichwort *Sicherung des Friedens* zu Wort gemeldet und spricht für die Aufrüstung. Prominente Theologen wie Wolfhart Pannenberg, Gerhard Ebeling, Heinz Zahrnt, Laien und Wissenschaftler, halten aus christlicher Verantwortung die einseitige Abrüstung·für falsch und friedensgefährdend. Sie sind der Meinung, die Bundesrepublik könne beim gegenwärtigen Stand der Militärtechnologie, also im atomaren Krieg, erfolgreich verteidigt werden, was die Anhänger von *Ohne Rüstung leben* verneinen. Schließlich glauben sie, Aufrüstung und Verhandlung könne gleichzeitig betrieben werden. Der Christ, sagen sie – und damit komme ich auf die hinter diesem Streit liegende theologische Verschiedenheit zu sprechen –, kenne nicht nur das Gebot der Liebe, sondern auch die Macht der Sünde, den unbändigen – oft brutalen – Machtwillen der Menschen. Dieser lasse sich nicht immer durch Liebe entwaffnen. In diesen Thesen drücken sich zwei grundverschiedene theologische Positionen aus, verschieden in bezug auf die Auffassung von der Realität, kontrovers in dem, was Christus für uns bedeutet, kontrovers in dem, wozu der Mensch fähig ist. An der Frage des Friedens zeigt sich, wie Menschen das Christentum heute verstehen. Und diese Unterscheidung ist weit wichtiger als die der herkömmlichen Konfession.

Ist Feindesliebe eine Spinnerei oder das realistische Gebot der Stunde? Soll man mit der Bergpredigt zu leben versuchen oder ist Sicherheit nach wie vor der höchste Wert? Ist Gewaltverzicht eine Form von Selbstaufgabe und unverantwortlich gegenüber den Schutzlosen? Ist es möglich, gewaltfrei zu leben wie Christus, oder müssen wir, um der Sünde und Machtgier der anderen willen, die massivste Form von Gewalt, die wir aus der Menschheitsgeschichte kennen, nämlich den nuklearen Holocaust, vorbereiten? Können wir unser Vertrauen – und das bedeutet unser Geld, unsere Forschung, unseren Lebenseinsatz – als Christen auf Atomraketen setzen, oder ist das, wie Bischof Scharf sagte, Götzendienst? Wie hat Jesus gelebt, und was war der Inhalt seiner Botschaft? Wollte er uns einschärfen, wie mächtig die Sünde ist, vor allem die der anderen, oder glaubte er tatsächlich an die andere Wirklichkeit, die weltverändernde Macht von gewaltloser Liebe? Und was können wir als Christen über Gott sagen: ist er ein Gewaltherrscher, der sich der Gewaltmittel bedient, in dessen Namen man Soldat werden kann, der mit Drohpotentialen und Abschreckung arbeitet – und ist es nicht vielmehr so, daß Gott höchst einseitig, höchst unilateral auf Gewaltmittel verzichtet hat, als er in einem besitz- und waffenlosen Menschen aus Nazareth Fleisch wurde? Was ist die letzte Realität, nach der wir unser Leben richten: Macht, Drohung und Gewalt oder Befreiung und Liebe?

Ich bin nicht unparteiisch zwischen denen, die hauptsächlich «sichern» wollen und denen, die «leben» wollen. Es fällt mir schwer, aus der Bibel etwas anderes zu lesen, als daß Gott einseitig abgerüstet hat, einseitig, ohne auf uns zu warten, auf Gewalt verzichtet. Es scheint mir unmöglich, als Christ Atomwaffen zu bedienen. Aber in einer evangelischen Kirche, in der es kein Lehramt, keinen Vatikan, keine Kirchenleitung gibt, die rechtsverbindliche Aussage in der Sache des Friedens machen könnte, muß der hier beschriebene Streit ausgetragen werden, und ohne Angst vor Repressionen müssen Menschen ihrem Gewissen folgen können. Martin Luther glaubte, daß eine christliche Gemeinde das Recht habe, zu urteilen über Lehre und Leben, es schwebte ihm eine Art herrschaftsfreier Dialog vor. Die Bibel ist zwar eine Richtschnur des Gewissens, aber sie ist mehrdeutig und enthält neben den gewaltfreien auch ordnungstheologische Tendenzen. Das bedeutet, daß niemand, kein mündiger Bürger, keine Frau, kein älterer Mensch diesen Fragen ausweichen kann. Sie lassen sich weder an Militärexperten noch an der Regierung nahestehende Theologen weiterreichen. Man kann das Gewissen nicht delegieren. Und einige Christen werden nicht aufhören, ihre Mitbürger mit dem Propheten Hesekiel zu fragen: «Warum wollt ihr sterben?»

Blick in die Zeit (Südwestfunk Baden-Baden)
vom 11. Januar 1981

Ein Lied gegen die Aufrüstung
Melodie: EKG 190, Heinrich Schütz 1628

Wohl denen die da streiten
und wollen Frieden baun
von Gott sich lassen leiten
der Rüstung nicht vertraun
    es werden nur die Ratten sein
    die uns noch überleben
    nach einem dritten Krieg.
Du bist nicht Herr der Ratten
du willst daß Menschen sind
erbarme dich der Satten
laß uns nicht taub und blind
    zeig uns daß Frieden möglich ist
    und hilf uns Nein zu sagen
    kämpfen im Widerstand.
Von Herzensgrund wir mahnen
Gott schütze uns vor Krieg
vor denen die ihn planen
schütz uns vor ihrem Sieg
    sie brauchen elffach Sicherheit
    zu löschen jedes Leben
    im Land des bösen Feinds.
Raketen und Kasernen
sind nicht von Gott gemacht
den Frieden zu erlernen
hat er uns zugedacht
    es gibt ein Leben vor dem Tod
    wenn wir es nicht zerstören
    und allen Armen Brot
Jesus hat einst zerbrochen
das Schwert für jeden Ort
er jagt die Waffenhändler
aus seinem Hause fort
    Laß uns in Christus angstlos sein
    und Hohn und Haß ertragen
    für deinen Frieden hier.

An alle Christen

Wir haben uns daran gewöhnt zu sagen:
Rüstung hilft den Frieden erhalten,
- aber bedroht sie nicht das Leben aller Menschen?
Rüstung schafft Arbeitsplätze,
- aber entzieht sie nicht Millionen von Hungernden das Brot?
Rüstung hilft Gewalt eindämmen,
- aber ruft sie nicht Kriege und Terror auf den Plan?
Wir haben bisher unsere Hoffnung auf die Abrüstung gesetzt,
- aber werden nicht immer perfektere Waffensysteme entwickelt?
Wir sagen bis heute: DM 2,80 von DM 10 der an den Bund abgeführten Steuer ist uns die Sicherheit wert,
- aber erhöht nicht unser Beitrag ständig die Kriegsgefahr?
In dieser Situation forderte die V. Vollversammlung des Ökumenischen Rates der Kirchen 1975 in Nairobi die 271 Mitgliedskirchen auf:
«Die Kirche sollte ihre Bereitschaft betonen, ohne den Schutz von Waffen zu leben und bedeutsame Initiativen ergreifen, um auf eine wirksame Abrüstung zu drängen.»
In Aufnahme und Weiterführung dieser Forderung erklären wir:
«Ich bin bereit, ohne den Schutz militärischer Rüstung zu leben. Ich will in unserem Staat dafür eintreten, daß Frieden ohne Waffen politisch entwickelt wird.»

«Glaubt ihr nicht, so werdet ihr nicht überleben.» Jesaja 7,9
«Christus hat in seiner Person die Feindschaft getötet. Er kam und verkündete Frieden.» Epheser 2,16–17

Werner Dierlamm, Dietrich Hardung, Niels Hueck, Gerhard Jahnke, Hermann Mayer, Hermann Schäufele, Gerhard Schubert, Reinhardt Seibert, Gerhard Voß.

OHNE RÜSTUNG LEBEN-Arbeitskreis von Pro Ökumene.
Diesen Aufruf unterstützen:
Die Kirchliche Bruderschaft in Württemberg
Der Internationale Versöhnungsbund
Die Ev. Arbeitsgemeinschaft zur Betreuung der Kriegsdienstverweigerer und Zivildienstleistenden (EAK)
Der Konvent der württembergischen Beistandspfarrer
Das Deutsche Mennonitische Friedenskommitee (DMFK)
Church and Peace
Religiöse Gesellschaft der Freunde (Quäker), Pyrmonter Jahresversammlung

Erläuterung

1. Die Selbstverpflichtung entspricht der Erklärung der Kriegsdienstverweigerer aus Gewissensgründen.

2. Sie drückt die Entschlossenheit aus, in Solidarität mit den Kriegsdienstverweigerern nicht allein die Beteiligung am Krieg zu verweigern, sondern auch seinen Ursachen nach Kräften zu widerstehen und seine Vorbereitung durch Entzug der Mitarbeit zu schwächen.

3. Auch wer die Selbstverpflichtung übernimmt wird durch das Zahlen von Steuern oder durch die Ausnutzung seiner Arbeitsleistung für die militärische Rüstung in Anspruch genommen.
Er erklärt durch die Verpflichtung ausdrücklich, daß dies gegen seinen Willen geschieht.

4. Allein das Gewissen des einzelnen bestimmt, in welchem Umfang er der Selbstverpflichtung nachkommen kann.
Seine Gewissensentscheidung wird keiner Kontrolle oder «Gewissensprüfung» unterzogen, wie dies bei den Kriegsdienstverweigerern geschieht.

5. Die Selbstverpflichtung bezieht sich nicht auf den Bereich der Polizei.

6. Die Unterzeichner erhalten regelmäßig Informationsmaterial über den Fortgang der Arbeit.

7. Wer die Verpflichtung unterschreibt, wird gebeten, die Aktion durch Spenden oder Dauerauftrag seinen Möglichkeiten entsprechend zu unterstützen.

Sonderkonto:
Volksbank Fellbach 100 363 008 BLZ 602 901 10 –
Postscheckkonto 7000 Stuttgart Nr. 111 833-700
BLZ 600 100 70 – Dietrich Hardung, Obere Weinsteige 48, 7000 Stuttgart 70 – Mit den eingehenden Spenden wird ausschließlich die Fortsetzung der Aktion finanziert (z. B. Anzeigen, Veranstaltungen, Plaketten usw.).

Bitte Zustimmungserklärung auf der nächsten Seite abtrennen und einsenden.

Informationen

Ohne Rüstung leben – Arbeitskreis von Pro Ökumene

Oktober 1980

Sicherung des Friedens ...?

Stellungnahme zu dem Aufruf «An die evangelischen Christen!»

Wir begrüßen es, daß eine Reihe namhafter Christen endlich aus dem Schatten des Schweigens hervorgetreten ist und zu unserer Aktion *Ohne Rüstung leben* öffentlich Stellung genommen hat.

Nach den Worten des Generalsekretärs der Vereinten Nationen Kurt Waldheim vor der UNO am 12. August 1977 ist die Bedrohung durch endgültige Selbstzerstörung infolge eines Nuklearkriegs die größte Gefahr, der die Welt ausgesetzt ist. Darum müssen auch die verschiedenen Wege, dieser Gefahr zu begegnen, offen diskutiert und zu einem zentralen Thema unserer Kirche gemacht werden.

Im folgenden stellen wir der Position *Sicherung des Friedens* unsere Position *Ohne Rüstung leben* gegenüber.

Sicherung des Friedens: Durch Aufrufe, Anstecknadeln, Autoaufkleber und andere Werbemaßnahmen wird heute in der Bundesrepublik die Parole «Ohne Rüstung leben» ausgegeben. Es wird für die Unterzeichnung einer entsprechenden Erklärung geworben. Manche glauben, dies sei ein Beitrag zur Erhaltung des Friedens in der Welt. Es sei eine – gewiß nötige – Korrektur der altprotestantischen Bejahung «gerechter Kriege». Die folgende Erklärung will deutlich machen, wie Christen in einer Welt voll rücksichtsloser Gewalten der Erhaltung des Friedens im politischen Handeln dienen sollen.

Ohne Rüstung leben: Zitat aus den offiziellen Erklärungen der V. Vollversammlung des Ökumenischen Rates der Kirchen vom 23. November bis 10. Dezember 1975 in Nairobi (Kenia):

«Die Christen müssen der Versuchung widerstehen, sich mit einem falschen Gefühl von Machtlosigkeit oder Sicherheit abzufinden. Die Kirche sollte ihre Bereitschaft betonen, ohne den Schutz von Waffen zu leben und bedeutsame Initiativen ergreifen, um auf eine wirksame Abrüstung zu drängen. Die Kirchen, die einzelnen Christen und die Mitglieder der Öffentlichkeit aller Länder sollten bei ihren Regierungen darauf drängen, daß die nationale Sicherheit ohne den Einsatz massiver Zerstörungswaffen gewährleistet wird.

Die Bereitschaft betonen, ohne den Schutz von Waffen zu leben» – wir glauben, daß dies ein Beitrag zur Schaffung des Friedens in der Welt ist, für den wir in Kirche und Öffentlichkeit eintreten.

★

Sicherung des Friedens: Die Weisungen der Bergpredigt dürfen freilich nicht als ein neues Gesetz verstanden werden, das in jedem Fall den Christen die Wehrlosigkeit, das immer erneute Nachgeben, die tatenlose Duldung offenkundigen Unrechts oder gar des Mordes zur Pflicht machen würde. Das fünfte Gebot verbietet nicht nur den Mord. Es gebietet auch den – notfalls bewaffneten – Schutz des Lebens, der grundlegenden Menschenrechte und der Freiheit.

Ohne Rüstung leben: Daß wir die Bergpredigt nicht als neues Gesetz verstehen, das uns «die tatenlose Duldung offenkundigen Unrechts ... zur Pflicht machen würde», möchten wir an folgenden Überlegungen zum Nord-Süd-Konflikt verdeutlichen:

Ist der Kampf und Widerstand gegen das Unrecht nur den reichen Industrienationen geboten und erlaubt, die sich grundlegender Menschenrechte, der Freiheit und vieler materieller Güter erfreuen und diese z. B. gegen eine Bedrohung aus dem Osten «schützen» dürfen – ist es nicht vor allem das Recht und die Pflicht der Armen, die dieser Güter durch vielfältiges Unrecht beraubt werden, darum zu kämpfen, daß sie auch ihnen endlich zuteil werden?

Solange die Reichen das Gewaltrecht zum Schutz ihrer Güter unverhüllt in Anspruch nehmen und – weil sie dazu in der Lage sind – mit unvorstellbaren Summen ihre Gewaltmittel finanzieren, kann man den Armen das Recht nicht absprechen, das Gewaltrecht für die Erlangung von elementaren Menschenrechten und Lebensgrundlagen ihrerseits zu fordern. Wie aber können sie ihre Rechte jemals mit Gewalt gegen die militärisch überlegenen herrschenden Mächte durchsetzen? Darum ist es das eigentliche und große Unrecht dieser Welt, daß reiche Völker in West und Ost ihren Besitz mit Gewaltmitteln, die allein ihnen zu Gebote stehen, gegen die Armen verteidigen.

Die Aktion *Ohne Rüstung leben* ist nicht bereit, diesem Unrecht gegenüber «das immer erneute Nachgeben», «die tatenlose Duldung» zu praktizieren. Sie unterstützt das Recht der Befreiungsbewegungen dadurch, daß sie ihre Möglichkeiten und Mittel zum Angriff und Widerstand gegen die «Primärgewalten», gegen die Rüstung der unterdrückenden Mächte, einsetzt. Ihr erklärtes Ziel ist es nicht, die tötende Gewalt der Armen zu stärken, sondern die tötende Gewalt ihrer Unterdrücker zu mindern.

★

Sicherung des Friedens: Wollen Christen nach den Regeln der Zehn Gebote und der Bergpredigt leben und diese Regeln auch zum Maßstab ihres politischen Handelns machen, müssen sie in doppelter Weise ständig gerüstet und wachsam sein:

● Zur Stärkung des Willens und der Fähigkeit, immer von neuem den Ausgleich von Konflikten zu suchen, der Entspannung zu dienen, soziale Mißstände zu beseitigen und Anreize zum friedlichen Zusammenleben der Menschen und der Völker zu schaffen,

● ebenso zur Bereitstellung von Mitteln, durch die Gewaltakte einzelner Menschen oder ganzer Staaten verhindert werden können. Dies gilt besonders dann, wenn jedes weitere Nachgeben nur zu solchen Gewaltakten ermuntert und somit die Gemeinschaft immer mehr zerstört.

Der Christ kennt nicht nur das Gebot der Liebe, sondern auch die Macht der Sünde, den unbändigen – oft brutalen – Machtwillen der Menschen. Dieser läßt sich nicht immer durch Liebe entwaffnen.

Ohne Rüstung leben: Im Zusammenhang mit dieser Diskussion ist die «Bereitstellung von Mitteln» konkret: die militärische Rüstung unserer Zeit samt Wasserstoffbomben, Mehrfachsprengköpfen, Interkontinentalraketen usw. Inwiefern ist aus den Zehn Geboten und der Bergpredigt (!) die Pflicht abzuleiten, für diese Rüstung «gerüstet und wachsam» zu sein? Wie vertragen sich Massenvernichtungswaffen mit dem Gebot: «Du sollst nicht töten?» Wie kann man das Gleichgewicht des Schreckens mit der Bergpredigt in Einklang bringen?

Ist es nicht vielmehr so, daß die «Bereitstellung von Mitteln» den Gehorsam gegen Gebote und Bergpredigt, wie er im vorhergehenden Abschnitt («zur Stärkung des Willens und der Fähigkeit ...») richtig dargestellt wird, geradezu unmöglich macht?

Ist es nicht so, daß die Rüstung in aller Welt Konflikte erzeugt, Entspannung gefährdet, soziale Mißstände verewigt und das friedliche Zusammenleben der Völker verhindert?

Hat die «Bereitstellung von Mitteln» dieser Art im Ersten und Zweiten Weltkrieg nicht zu unerhörtem Blutvergießen geführt? Bewirkt die «Bereitstellung der Mittel» durch den heutigen Waffenhandel nicht die Militarisierung der ganzen Welt mit ihren drohenden Gefahren von kriegerischen Ausbrüchen?

«Der Christ kennt nicht nur das Gebot der Liebe, sondern auch die Macht der Sünde, den unbändigen – oft brutalen – Machtwillen der Menschen. Dieser läßt sich nicht immer durch Liebe entwaffnen.»

Muß man mit dieser Sünde nicht bei allen Menschen rechnen, mit m unbändigen Machtwillen nicht nur bei östlichen, sondern auch bei westlichen Regierungen und Regierungsvertretern? Ist die Atombombe nur in der Hand eines Kommunisten eine Gefahr, nicht ebenso in der Hand von Christen? Sind die ersten Atombomben über den Städten von Menschen nicht von Christen gezündet worden?

Die Selbstgerechtigkeit entdeckt die Sünde nur bei den anderen. Was soll werden, wenn Menschen, die auch unter dem Gesetz der Sünde stehen, Waffen mit diabolischer Vernichtungskraft zum «Schutz des Lebens, der grundlegenden Menschenrechte und der Freiheit» gebrauchen wollen?

Sicherung des Friedens: Die Klage gegen den Wahnsinn des Rüstungswettlaufs ist angesichts des Hungers in der Welt mit Recht heute in aller Munde. Entscheidend bleibt aber die Frage, wie dieser Wettlauf abgebremst oder beseitigt werden kann. Dabei erhebt sich insbesondere die Frage, ob die Parole *Ohne Rüstung leben*, die heute in der deutschen Christenheit verbreitet wird, diesen Wettlauf eindämmt oder beschleunigt. Beschleunigt wird er dort, wo durch einseitige Abrüstung anderen die Aussicht eröffnet wird, mit überlegener Rüstung ohne eigenes Risiko immer mehr Macht und Besitz durch politische Erpressung oder militärische Gewalt zu erwerben. Die Aufrechterhaltung des Gleichgewichts militärischer Macht ist daher in dem Umfang unerläßlich, der nötig ist, um jeden politischen Gewaltakt zu einem unkalkulierbaren Risiko zu machen.

Ohne Rüstung leben: Die Aktion *Ohne Rüstung leben* hat von Anfang an gesagt, daß sie in einer außerordentlich kritischen Weltsituation ein Wagnis eingeht: Die von ihr geforderte Abrüstung von unten her (Widerstandsbewegung gegen den militärischen Gehorsam) kann, wenn sie an Wirksamkeit zunimmt, innenpolitisch zu Unruhen führen, kann einem äußeren Gegner auch einen Anreiz zur Erpressung und zum Überfall, ja zur gewaltsamen Besetzung geben.

Dabei handelt es sich um eine bewußte Wahl zwischen Risiken. Die Aktion *Ohne Rüstung leben* sieht in der ungebrochenen Fortsetzung des Rüstungswettlaufs das viel größere Risiko, eine Politik mit unbedingt tödlichem Ausgang, eine unermeßliche Gefahr für die ganze Menschheit. Vom «Wahnsinn des Rüstungswettlaufs» reden ja auch unsere Gesprächspartner. Warum aber halten sie dann an militärischen Zielen fest wie «Aufrechterhaltung des Gleichgewichts militärischer Macht», die doch nur Umschreibungen für den «Wahnsinn des Rüstungswettlaufs» sind?

Zu unterstellen, daß durch einseitige Abrüstung der Rüstungswettlauf beschleunigt werden könne, grenzt an Schizophrenie. Der Wettlauf wird verlangsamt oder beendet, wenn einer der Rivalen das Tempo mäßigt oder den Lauf einstellt – er wird beschleunigt, wenn beide ihre Anstrengungen verstärken.

Jede Aufrechterhaltung oder Verstärkung des Rüstungswettlaufs ist aber «angesichts des Hungers in der Welt» ein tödliches Übel. 150 Millionen Afrikaner in 26 Staaten südlich der Sahara sind von akuter Hungersnot bedroht (*Stuttgarter Nachrichten*, 23. September 1980), während die Regierungen der Welt darauf zugehen, «eine Billion für Rüstung» (*Frankfurter Rundschau*, 8. September 1980) auszugeben.

Nicht die Aufrechterhaltung des Gleichgewichts militärischer Macht ist das Gebot der Stunde, sondern der Bruch mit dem militärischen Sicherheitsdenken. Frieden heißt nicht Sicherung, sondern Entwicklung.

Sicherung des Friedens: Die Notwendigkeit zum Nachrüsten kann somit die Folge von Versäumnissen sein. Dies ist dann der Fall, wenn das Gleichgewicht der Kräfte bis zur Möglichkeit eines risikolosen Mißbrauchs militärischer Macht gestört ist. Die Parole *Ohne Rüstung leben* dient dann nicht der Bekämpfung, sondern der Stärkung militaristischer Praktiken in der Weltpolitik.

Ohne Rüstung leben: Wer, wie die Verfasser des Aufrufs «An die evangelischen Christen!» in den überlieferten militärischen Kategorien denkt («Auge um Auge, Zahn um Zahn», Vergeltungsstrategien, Aufrechterhaltung des Gleichgewichts militärischer Macht), der wird freilich Aktionen wie *Ohne Rüstung leben* als bedrohlich empfinden – und nicht zu Unrecht. Die Aktion *Ohne Rüstung leben* ist für das militärische System eine Gefahr und will es sein.

Wer aber davon ausgeht, daß Friede Entwicklung heißt und daß der Bruch mit dem militärischen Sicherheitsdenken Bedingung für das Überleben der Menschheit ist (s. zu These 8), der hat keinen Grund, sich vor der Aktion *Ohne Rüstung leben* zu fürchten. Sie wird für ihn ein Zeichen der Hoffnung sein, daß ein echter Friedensprozeß in der Welt in Gang gesetzt und gefördert werden kann.

Gekürzte Fassung des Aufrufs «An die evangelischen Christen!» der Gruppe Sicherung des Friedens und der Stellungnahme des Arbeitskreises Ohne Rüstung leben (c/o Werner Dierlamm, Postfach 1304, 7012 Fellbach) dazu

Unilateralism oder die Vorleistung Gottes

Und warum sind Sie so einseitig
werde ich oft gefragt
so blind und so unilateral
da frage ich manchmal zurück
ob der Frager ein Christ sei
man wird doch noch fragen dürfen

und erinnere dann gegebenenfalls
wie einseitig Gott in Christus
ohne Garantien abgerüstet hat
wo kämen wir hin
gebe ich zu bedenken
wenn Gott mit dir oder mir
die doch die meisten Abkommen
gern unterlaufen mit Tricks
wo kämen wir hin
wenn Gott auf Gegenseitigkeit bestünde

da erinnere ich daran
daß Gott nicht in einem Tank kam
und nicht in einer Bank geboren wurde
und die alten Wunderwaffen
die Blitze und Donner und himmlischen Heere
einseitig aufgab
die Paläste die Könige und die Soldaten
waren nicht sein Mittel als er
unilateral
anfing ein Mensch zu werden
das ist ohne Rüstung zu leben

Wehrpflicht für Frauen?

Wehrpflicht für Frauen? Frauen in die Bundeswehr? Eine neue Diskussion steht ins Haus. Ende vorigen Jahres hat Verteidigungsminister Apel das Thema der Frauenwehrpflicht anklingen lassen. Er wurde gefragt: «Wann gibt es Frauen in der Bundeswehr?» – und antwortete: «Es wird vom Fortgang der Debatte in der Öffentlichkeit abhängen und vielleicht auch von der Nachwuchsfrage, die der Bundeswehr ab 1985 Sorgen bereiten könnte.»

Die Frage war geschickt gestellt, nämlich nicht grundsätzlich, sollen Frauen eingezogen werden?, sondern nur zeitlich; wann wird es denn soweit sein? Das ist kein Zufall. Die Vorbereitungen zur Sache laufen bereits, in kleinen Dosen sollen wir an den Gedanken gewöhnt werden. Als Begründung dafür muß der Pillenknick herhalten. Die geburtenschwachen Jahrgänge könnten in den nächsten Jahren zu einem Soldatenmangel führen.

Diese geburtenschwachen Jahrgänge sind ja auch das beliebteste Argument der Finanzminister gegen eine kinderfreundliche Schulpolitik. Ich habe zwei Töchter im schulpflichtigen Alter und das Argument, das ich zu hören bekomme, wenn ich mich über Lehrermangel, Stundenausfall, überfüllte Kurse und sogenannte Zusammenlegungen beschwere, ist immer wieder der zu erwartende Pillenknick; seinetwegen werden die arbeitslosen jungen Lehrer nicht eingestellt und die jetzt zur Schule Gehenden um den ihnen zustehenden Unterricht betrogen.

Nach wie vor gehören diese Fragen zu den zentralen kritischen, die die Gesellschaft nicht zu lösen bereit ist. Der Pillenknick muß für weniger Bildung und mehr Militärisierung herhalten.

Frauen ins Militär scheint auch in der Wirtschaft ein sympathischer Gedanke zu sein; Unternehmerverbände preisen die Frauendienstpflicht als Wundermittel gegen die Arbeitslosigkeit, unter der Frauen ja mehr zu leiden haben.

So bekommt die alte sozialistische Rede davon, daß Frauen die Reservearmee des Kapitals darstellen, auf die man zur Not immer zurückgreifen kann, einen neuen unerwartet wörtlichen Sinn. Die Frage steht zwar in dieser Legislaturperiode noch nicht an, aber immerhin hat der deutsche Bundeswehrverband bereits einen Vorschlag ausgearbeitet, eine Gemeinschaftsdienstpflicht einzuführen, «in deren Rahmen Frauen ebenfalls Dienste im Zivilbevölkerungsschutz, Katastrophenschutz u. a. m. leisten sollten und der Dienst in den Streitkräften auf freiwilliger Basis angeboten werden sollte» (Peter Raabe, *Frankfurter Allgemeine Zeitung*, 22. Juni 1979).

Die Forderungen des Bundeswehrverbandes werden nun, und das macht die Sache spannend, von einer Seite unterstützt, die den leitenden

Herren eher peinlich sein könnte, nämlich von einem Teil der feministischen Bewegung. Von Alice Schwarzer war zu hören, daß sie nicht dafür sei, einer Frau die Karriere und die Rente eines Vier-Sterne-Generals zu verweigern. Ein *Recht auf Soldatsein* soll provokatorisch eingeklagt werden. Diese feministische Position wird auch von einigen kritischen Frauen geteilt, die es nicht unbedingt für ein erstrebenswertes Lebensziel halten, Vier-Sterne-General zu werden. Wie können Frauen, so fragen sie, die bisher nur Objekte der von Männern gemachten Politik waren, selber ihre Geschicke in die Hand nehmen? Wie können sie je zu Subjekten werden, wenn sie auf Machtausübung verzichten und sich dem traditionellen Rollenbild der Frau immer noch unterwerfen? Dieses Klischee erzieht uns Frauen ja nicht nur dazu, keine Waffen in die Hand zu nehmen, sondern auch bei den Planungen derer, die Waffen brauchen und entwerfen, kaufen und verkaufen, nicht mitzusprechen. Die eben zu Ende gegangenen SALT 2-Abrüstungsgespräche fanden wie üblich unter Ausschluß von Frauen statt.

Die Gegenfragen allerdings bleiben: Wäre es anders, wenn Frauen auf den Abrüstungskonferenzen säßen? Ist die Institution der Bundeswehr das geeignete Instrument, um die Interessen der Frauen und der Abrüstung voranzutreiben? Die Wahrheit ist doch wohl, ökonomisch wie psychologisch, daß die Frauen «williger und billiger» sind und darum gebraucht werden.

Neben der Verteidigungslobby und einem Teil der Frauenbewegung hat sich auch eine unabhängige Gruppe von 83 Frauen aus Gewerkschaft, Wissenschaft und Kunst zur Frage geäußert. Sie haben einen Appell *Frauen in die Bundeswehr? Wir sagen Nein!* veröffentlicht. «Frauendienstpflicht würde unsere Gesellschaft von Grund auf militarisieren. Das liefe der Hauptaufgabe zuwider, die sich die Bundesrepublik heute stellt: die Entspannungspolitik fortzusetzen und keinesfalls durch Maßnahmen auf militärischem Gebiet zu stören. Frauendienstpflicht stünde der Aufgabe entgegen, auf den Frieden zu orientieren und zur Abrüstung beizutragen. Wir Frauen wissen schon lange, daß ein würdigeres Leben für Mann und Frau sich nur entfalten kann, wenn der Rüstungshaushalt entschieden gekürzt wird.» Soweit der Appell, den unter anderen Helga Einsele, Margarete Mitscherlich, Uta Rancke-Heinemann, Erika Runge unterzeichnet haben.

Was den Rüstungshaushalt angeht, so geht zur Zeit von rund 59 Milliarden Mark jede dritte Mark in die Verteidigungskasse. Man muß den Ausdruck «Militarisierung der Gesellschaft» in diesem Zusammenhang hören. Militarisiert ist eine Gesellschaft, die sich so etwas leistet, allemal. Militarisiert ist ein Land mit der stärksten europäischen Militär- und Polizeimacht allemal, zumindest in den Augen unserer Nachbarn. Was neu ist und was durch die Militärpflicht für Frauen erheblich gefördert würde, ist die Militarisierung des Bewußtseins. Die gesamte Diskussion dient ja der psychologischen Vorbereitung auf die Wehrbereitschaft und auf die Erhaltung der gesetzten politischen Prioritäten.

Der alte Slogan «Kanonen statt Butter» heißt heute wohl: Verteidigungsbereitschaft statt Lebensqualität. In den nächsten Jahrzehnten werden die ökonomischen Probleme und die Gewinnung alternativer Energien alle unsere Anstrengungen finanzieller und intelligenzmäßiger Art brauchen. Jede Mark und jeder Kopf, den wir für die Erhaltung des steinzeitlichen Umgangs der Völker miteinander verwenden, fehlt uns für die Lösung der zentralen menschheitlichen Fragen. Daß ausgerechnet in dieser Situation des drohenden nuklearen Holocaust, die Frauen militarisiert werden sollen, mutet wie ein schlechter Witz an.

Ich kann auch dem Argument der Frauen, die hier einen Schritt auf die Gleichberechtigung zu tun glauben, nicht folgen. Welcher Art Erziehung werden denn junge Mädchen in der Bundeswehr ausgesetzt? Sollen Langeweile, Alkoholismus und kleine Kriminalität auch für junge Frauen zu einer demoralisierenden Erfahrung innerhalb der sogenannten Schule der Nation werden? Ist der Preis nicht zu hoch, selbst wenn einige Frauen eine bessere technische Ausbildung erhielten? Und sollte das Militär, diese männlichste aller Institutionen, plötzlich mittlere oder gar höhere Karrieren für Frauen eröffnen?

Vor allem aber scheint mir hier eine Unklarheit vorzuliegen über das, was Emanzipation der Frau eigentlich bedeutet. Auf die Frage, was die Frauen denn eigentlich wollen, zeichnen sich heute zwei mögliche Antworten ab. Die einen wollen das große «AUCH», einen gerechten Anteil an dem, was zur Verfügung steht, sei es Geld, Macht, Berufschancen und Positionen. Der Kuchen soll gerecht verteilt werden. Diese Position des älteren Feminismus scheint aber merkwürdig blind demgegenüber, wie der Kuchen in unserer Gesellschaft eigentlich aussieht. Ist es denn, wie die Amerikanerinnen ironisch formulieren, unsere Hoffnung, Vizepräsident von General Motors zu werden? Das heißt, das zu lernen, was Männer in unserer Gesellschaft machen: Herrschen, befehlen, ausbeuten, die Erde zerstören? Es gibt eine andere Vision von der Befreiung der Frau, die nicht davon ausgeht, daß wir alles, was die Männer schon haben und tun, auch erringen müßten. Hier wird das große «anders», nicht das «auch» gewollt. Die Rede von den gleichen Rechten oder der Chancengleichheit übersieht doch, wozu diese Rechte und Chancen hier und heute gebraucht werden. Die Frauenbewegung hat ihre Kraft dort, wo sie eine andere Vision vom Leben hat als die derzeit herrschende. Frauen werden stark, wenn sie die goldenen Kälber der Männer, wie ungebremstes wirtschaftliches Wachstum, nationale Sicherheit und das Gleichgewicht des Terrors, nicht mehr länger anbeten. Es macht mich nicht freier, Soldat werden zu dürfen und meinen Beitrag zur Militarisierung der Gesellschaft zu leisten. Frei werden wir erst, wenn wir die Schwerter zu Pflugscharen umschmieden, wie der Prophet Jesaja sagt (Jes. 2,4). Und wenn wir statt der Tanks Bewässerungsanlagen zu bedienen lernen. Frei werden wir erst und Frau werden wir erst, wenn wir uns mit dem Leben verbünden gegen die Todesproduktion und die permanente Tötungsvorbereitung. Frei werden wir weder durch Rückzug ins Private, ins «Ohne mich», noch durch Anpassung an die Gesellschaft, in der Generale und Millionäre besonders hochgeachtet werden.

Frei werden wir, wenn wir aktiv, bewußt und militant für den Frieden zu arbeiten lernen.

Blick in die Zeit (Südwestfunk Baden-Baden)
vom 22. Juli 1979

Die Verzweiflung des sogenannten
subjektiven Faktors

Da ist mir doch vor drei Tagen
die alte Tante die Panik wieder ins Haus gekommen
jetzt muß ich schon morgens früh mit ihr frühstücken
still sitzen und zuhören wie sie sich wiederholt

Alle Papiere auf meinem Schreibtisch
wirft sie mir durcheinander
Ich finde nichts stöhne ich und weiß kaum
wie wahr es ist daß wir
nichts gegen den Overkill finden

Schon hab ich vergessen
klopfenden Herzens auf deine Briefe zu warten
traumlos komme ich auf den Hund und erledige
alles was muß und immer zu wenig

Die Farben des Himmels stellt sie mir zu
und das Buch nimmt sie mir höhnisch weg
das kennst du doch schon sagt sie
als ginge es um eheliche Pflichten
Lies die Wehrexperten sagt sie
du kannst eh nicht mitreden
über Sicherheit

Will ich doch gar nicht sag ich
wenn sie mal eingenickt ist
wenn ich allein bleib paß auf
zieht sie für immer hier zu
und liefert mich ihnen aus
und sichert mich für den Rest meines Lebens
und rüstet und rüstet und rüstet

Das Reich Gottes oder der Große Konsens

In einer neuen Stadt wohnend
fehlt es mir an Freunden

Es fehlen Freunde die dasselbe hassen
jetzt hat man die Sprudelflaschen zu passiven Waffen erklärt
und die Sympathie wird behandelt als sei sie der Krebs
aber der Haß
der minimale Konsens
ist zum Leben zuwenig
er reicht nur zum Sterben

Es fehlen Freunde die dasselbe fürchten
jetzt wächst die Produktion der inneren Sicherheit am schnellsten
und der Etat der Polizei um ein Drittel bis einundachtzig
aber die Angst
der alltägliche Konsens
zwischen mir und der Bäckersfrau nebenan
ist zum Kämpfen zuwenig
er reicht nur zum Weitermachen

Am meisten fehlen Freunde die dasselbe wünschen
die Frauen in Emma träumen geschlagen zu werden
    oder zu schlagen
sind die mit anderen Wünschen schon sprachlos gemacht?
auch die Vision
der große Konsens
ist noch nicht «nahe herbeigekommen»
    die Schwerter sind noch nicht Pflüge
    die Panzer noch nicht Traktoren
    das Sicherheitsgeld schafft keine Arbeit
    die Blinden dürfen nicht selber sehen
das Reich Gottes der große Konsens
ist mitten unter uns
versprochen vor langer Zeit

In einer neuen Stadt wohnend
fehlt es mir an Freunden
um glauben zu können

Aus: «fliegen lernen», Berlin (W. Fietkau Verlag) 1980

Spiel doch von Rosa, Anna & Rosa

Ach erzählt mir nichts von euren Identitätskrisen
ach hör auf mit dem Psychogeklimper auf der Gitarre
spiel doch was anderes
spiel doch vom Frieden
spiel von den Kämpfenden

Sing mal von Anna Walentinowić
Kranführerin in Danzig
sing vom großen Streik und warum er ausbrach
vergiß auch die Rosa Parks nicht
nie nie sollst du vergessen daß sie für jede von uns
so weiß wir auch seien
sitzengeblieben ist im Bus in Alabama
auf dem Platz der nicht für Schwarze bestimmt war

Sing von den Frauen
die anzusehn mich stärker macht
mich lachen macht
breit wie Anna die Kranführerin
vor der sie so viel Angst hatten
daß sie sie vorsorglich kündigten
Vorbeugeentlassung von ihrem Platz am Kran

Vergiß auch die große Schwester Rosa Luxemburg nicht
aus dem Land der Anna kam sie
dem freiheitssüchtigen kleinen Land
geteilt und geknebelt besetzt und besessen
geschlagen und vergewaltigt
und niemals totzukriegen
ach sing uns von Rosa
und von der Spontaneität der Leute
an die sie glaubte
wie Anna die Kranführerin

Hast du ihr Foto gesehen
ach sing noch ein Lied von Anna

und der großen Hoffnung der Werftarbeiter
auf Fleisch und das Recht sich zu wehren
auf Brot und auf Rosen du weißt

Anna Walentinowić
die Zeitungen sind nicht voll von dir
weil es unbekannt ist hierzulande
was es bedeutet eine Frau zu sein
ein Mensch
eine Kranführerin
die die Streiks möglich macht
weil wir immer noch süße Häschen anstarren sollen
nicht eine Frau mit einem Lachen wie Anna
vier Kinder und mal wieder
eine Vorbeugeentlassung

Ach hör auf mit dem Psychogeklimper auf der Gitarre
spiel doch was anderes
spiel doch vom Frieden
spiel von den Kämpfenden

Ich hab das weinerliche Zeug satt
spiel mir von Anna und den beiden Rosas
spiel von wirklichen Menschen
Frau stark und verletzbar
sorgend für andere und unabhängig
kämpfend auch für dich am Schalter der Dresdner Bank
für alle Schwestern
spiel doch von Brot und Rosen
spiel doch von Fleischpreisen und einer freien Gewerkschaft
spiel gegen die Stahlhelme und was darunter steckt
spiel gegen Atomraketen und was dahintersteckt
ihr könnt die Sonne nicht verhaften

                               sie scheint

ihr könnt die Rosen nicht zensieren

                               sie blühen
ihr könnt die Frauen nicht kleinkriegen

                          sie lachen

Spiel doch von Rosa Luxemburg
spiel doch von Rosa Parks
spiel doch von Anna Walentinowić
spiel doch von unsern Schwestern
spiel doch von uns

Wir sagen NEIN

Die Krüppel (P. Briegel)

Liebe Frauen und Männer für den Frieden,

ich möchte von meiner Angst sprechen, ich möchte von meiner Hoffnung sprechen.

Seit dem Dezember vorigen Jahres, als die NATO die atomare Bewaffnung Europas einen großen Schritt vorangetrieben hat, ist meine Angst gewachsen. Ich empfinde den Dezember 1979 als einen tiefen historischen Einschnitt, viel wichtiger als zum Beispiel Afghanistan. Vielleicht wird man später einmal sagen: die Zeit *vor* dem Dezember 1979, das war die Zeit nach dem Zweiten Weltkrieg. Und die Zeit nach dem Dezember 1979, die wird man nennen: Die Zeit vor dem dritten Weltkrieg.

Was in unserem Land vor sich geht, ist eine umfassende Militarisierung. Da werden Rekruten mit größter Öffentlichkeit, viel Pomp und Lautstärke vereidigt. Da entdecken die armen Männer in der Bundeswehr plötzlich, daß sie keine Orden haben. Ein ganz neues Bedürfnis, sich zu schmükken. Da wird der Verteidigungsetat angehoben, während alles andere, Schulen, Gesundheit, Arbeitsplatzbeschaffung, gekürzt wird. Und da wird die Parole «Frauen in die Bundeswehr» ausgegeben und uns sogar als ein Fortschritt in Sachen Frauenbefreiung angepriesen! Der Staat, der zunehmend unfähig ist, jungen Mädchen eine vernünftige Ausbildung zu bieten, garantiert unter dem Stahlhelm plötzlich alles: vernünftige Ausbildung, sichere Jobs, Gleichberechtigung. Alles das brauchen wir und wollen wir, aber nicht in der Bundeswehr, sondern als das normale und friedliche Recht der Frauen in unserem Land!

Frauen in der Bundeswehr ist ein Aspekt im Rahmen der allgemeinen Militarisierung. Krieg soll wieder denkbar sein, der sogenannte Verteidigungsfall muß eingeplant werden. Die Aufrüstung wird als Nachrüstung verkauft. Über diese 572 Mittelstreckenraketen, die in Europa stationiert werden sollen, kann man eigentlich nur eines sagen: es sind fünfhundertundzweiundsiebzig zuviel. Wir brauchen die nicht. Die Dinger machen uns nicht sicherer, sie machen nur klar, daß von uns nichts übrigbleiben wird. Das wissen heute sogar einsichtige Militärs. Die Verwirklichung dieser Beschlüsse muß verhindert werden.

Unsere Forderungen sind: Keine Frau ins Militär!

Keine weiteren Atomraketen nach Westeuropa!

Was mir Mut macht, ist die wachsende Friedensbewegung in unserem Land. Wir sind schon ganz schön viele hier, und wir wachsen täglich. Ich habe viel von den holländischen Friedensfreunden gelernt. Dort ist die antimilitarische Bewegung so stark, daß ein Minister mit Rücktritt drohen kann, falls weitere Atombomben in Holland stationiert werden. «Befreit die Welt von den Atomwaffen, beginnt damit in den Niederlanden!» heißt eine der Parolen der Holländer. «Erst mal raus aus den Niederlanden» ist eine schöne Parole, irgendwann einmal werden wir dann auch hier in Westdeutschland soweit sein.

Als ich das zuerst hörte, hab ich mich gefragt: Wie kommt das eigentlich, daß für die Holländer ein Krieg, in Worten: *einer* genug war, während für uns Deutsche nicht einmal zwei genug sind? Bei uns gibt es immer noch Menschen, die selbst aus zwei Kriegen nicht viel, nicht genug gelernt haben. Es gibt Menschen hierzulande, die müssen unbedingt einen dritten Krieg vorbereiten, die fühlen sich mit mehr Militarismus und mehr Atombomben sicherer. Aber ihre Zahl nimmt ab, das weiß auch Herr Apel. Darum fordert er Wehrerziehung in den Schulen, darum ködert er die Frauen mit Freiwilligkeit und allerlei Versprechen. Wir lassen uns aber nicht kaufen, und bestimmt nicht für dumm verkaufen. Wir sagen ein klares Nein. Wir wehren uns. Wir leisten Widerstand. Wir machen nicht noch mal mit. Wir haben genug! Wenn jeder von euch, jede von euch – sagen wir mal – zwölf Freunde mitbringt und sie dafür gewinnt, für den Frieden zu kämpfen und nicht alles mit sich machen zu lassen, was die NATO-Herren beschließen, dann kommen wir schon ganz schön weit. Jede zwölf, da kommen wir schon ganz schön weit.

Rede in Hamburg vom 6. Dezember 1980

Merke: Fünfhundertundzweiundsiebzig

Fünf Gulden und zweiundsiebzig Cent
werden einige Holländer dem Staat schuldig bleiben
der fünfhundertundzweiundsiebzig weitreichende
atomare Raketen stationieren will.

Diese symbolische Summe der Steuerverweigerung
scheint mir lächerlich unerheblich.
Aber in meinem Land
wo die Phantasie unterentwickelt ist
Aber in meiner FDGO
wo es kein Recht auf Widerstand gibt
Aber in meinem Volk
wo Goliath verehrt und David unbekannt ist

macht sie mich eher weinen als lachen.

Aufruf zur Aktionswoche
1. bis 8. März 1981

Frauen gegen Krieg und Militarismus
Frauen gegen Atomkraft und Umweltzerstörung

Wir wenden uns an alle Frauen, die sich gegen die immer stärkere Militarisierung und Umweltzerstörung wehren wollen:

Wir Frauen sind für eine Dienstpflicht im Rahmen der Notstandsgesetze und für die «zivile» Verteidigung bereits eingeplant. Die Einbeziehung der Frauen in die Bundeswehr droht, und wir alle sind betroffen von der beabsichtigten Stationierung von Mittelstreckenraketen in Europa. Waffenproduktion und -handel, Verherrlichung von Militär und Gewalt nehmen von Tag zu Tag zu.

Wir leben hier zwar nicht in einem offenen Krieg, doch auch bei uns wächst die Kriegsgefahr und die Bedrohung durch atomare und chemische Waffen. Mit der Natur leben wir bereits in äußerstem Unfrieden. Durch den hemmungslosen Ausbau der Atomenergie, Betonierung der Landschaft mit gigantischen Verkehrssystemen und durch chemische Vergiftung werden unsere Lebensgrundlagen immer mehr zerstört. Unsere und unserer Kinder Zukunft wird rücksichtslos verplant.

Während sich bei uns noch manche im Frieden wähnen, leiden in vielen Teilen der Welt die Menschen unter offenem Krieg und Gewalt, wie jetzt in El Salvador.

Überall sollen Frauen gehindert werden, ihre Lebens- und Freiheitsrechte in Anspruch zu nehmen. Dies werden wir nicht zulassen. «Wir wollen unsere Ohnmacht in Stärke verwandeln. Wir wollen den Machtkampf zwischen den Großmächten nicht länger stillschweigend akzeptieren» (Aufruf der skandinavischen Frauen).

Wir, Frauen aus verschiedenen Gruppen und Organisationen – Frauen für den Frieden, Antiatom, Umweltschutz, Frauen zum Bund, nein, Danke. Die Grünen, DFI u. a. haben uns im Dezember in Lübeck getroffen. Wir wollen die Tradition des Internationalen Frauentages weiterführen, wie das auch von Frauen der § 218-Gruppen und Gewerkschaftsgruppen geplant ist. Wir schließen uns dem Aufruf der WRI (War Resisters International) zu einer Internationalen Aktionswoche «gegen Krieg und Militarismus» an.

In der Woche vom 1. bis 8. März 1981 sollen an möglichst vielen Orten Veranstaltungen und Aktionen stattfinden: Damit wollen wir gegen die lebensbedrohende Entwicklung protestieren und unseren Widerstand verbreitern. Nach unseren Vorstellungen sollen Frauen sich auf *regionaler Ebene* treffen und Aktionen und Veranstaltungen für die erste Märzwoche vorbereiten.

Überregionale Kontaktadressen:
Bernardette Ridard, Methfesselstr. 69, 2000 Hamburg 19, Tel. 040/49 20 29; Ko.-Nr. Postscheckk. HH 424922–205, Vermerk «Märzwoche».
Ricarda Steinbrecher, Eckernförder Str. 456 («Hinterhaus»), 23 Kiel

Krieg ist keine Naturkatastrophe – wieder wird Krieg vorbereitet – wir Frauen wehren uns dagegen

Aktionswoche vom 1. bis 8. März 1981
von Frauen für Frauen

Die Kriegsgefahr, die von den USA ausgeht, ist enorm angestiegen, nicht zuletzt auf Grund ihrer steig wachsenden wirtschaftlichen und politischen Schwierigkeiten.

Widerstand ist notwendiger denn je, da mit Reagan ein Mann an der Spitze der USA steht, der offen sagt, daß für ihn Frieden nicht das Wichtigste ist. Er wählte zum Außenminister Haig, der sich lange Jahre in den imperialistischen Kriegen in Korea, Vietnam, Kuba und Chile «bewährt» hat. Von 1974 bis 1979 war er Oberbefehlshaber der NATO-Streitkräfte in Europa.

Bisher hat sich nur die BRD als europäischer Bündnispartner der NATO bereit erklärt, atomare Mittelstreckenraketen zu stationieren. «Linientreu» erhöht sie darüber hinaus ihren Rüstungshaushalt und diskutiert über die mögliche Verwendung von Neutronenbomben. In den Rahmen dieser verstärkten Militarisierung gehört die Einberufung der Frauen in die Bundeswehr. Sie sollen die «Schlagkraft» der BRD-Streitkräfte erhalten.

Die Gefahr, daß in der BRD der nächste Krieg ausgetragen wird, ist besonders groß, u. a. weil die BRD militärisch der Hauptverbündete und wirtschaftlich einer der Hauptkonkurrenten der USA ist.

Die konkrete Kriegsvorbereitung betrifft auch uns Frauen

Seit der Verabschiedung der Notstandsgesetze 1968 gibt es auch eine Dienstverpflichtung für Frauen: im sogenannten Spannungs- und Verteidigungsfall können alle Frauen im Alter von 18 bis 55 Jahren zu zivilen Diensten im Sanitäts- und Heilwesen und in militärischen Lazarettorganisationen herangezogen werden (Artikel 12 a Abs. 4 GG). Und im Rahmen des Arbeitssicherstellungsgesetzes können Frauen im Krisenfall an ihren Arbeitsplatz gebunden und zu bestimmten Arbeiten gezwungen werden!

Schwesternhelferinnen und Beamte werden mit Mitteln aus dem Verteidigungsministerium ausgebildet; sie müssen sich verpflichten, im Kriegsfall Dienst im Lazarett oder Krankenhaus zu tun. Sie werden beim Arbeitsamt registriert und müssen jeden Wohnungswechsel melden. Es wurde bekannt, daß Schwesternhelferinnen von Zeit zu Zeit zu direkten Notstandsübungen eingeladen werden, wo ihr Einsatz für den Ernstfall geprobt werden soll.

Mit diesen und anderen Gesetzen zur zivilen Verteidigung täuscht uns die Bundesregierung vor, daß bei einem Atomkrieg wir als Zivilbevölkerung geschützt werden können. Dabei wird verschwiegen, daß ein Schutz gegen Atomkrieg nicht möglich ist. Deshalb kann der Sinn dieser Maßnahmen nur

sein, vor allem in uns Frauen als betroffene Zivilbevölkerung die Kriegsbereit-
schaft zu erhöhen, indem vor allem bei uns an die soziale Hilfsbereitschaft ap-
pelliert wird. Das Interesse der Frau an der Erhaltung des Lebens soll wieder
einmal in patriarchalische Tötungsstrategien eingebunden werden.

Wir wehren uns dagegen!
Frauen gemeinsam gegen Krieg und Militarismus

Wir wollen gemeinsam in der Woche vom 1. bis 8. März in Veranstaltungen,
Workshops, Diskussionsrunden über Militarisiernng, Kriegsvorbereitung,
Rolle der NATO, Atomkrieg und unseren Einsatz als Frauen informieren und
mit Euch Widerstandsformen überlegen. Wir wollen Euch auffordern – wie
schon z. B. die Frauen in Nürnberg –, die Dienstpflicht nach Artikel 12 a zu
verweigern.

Wir fordern Euch ebenfalls auf, am 2. März mit uns gegen den Besuch von
Kriegsminister Apel in Hamburg zu protestieren. Als besondere Provokation
kommt er um 19 Uhr ins Amerikahaus, um hinter verschlossenen Türen vor
ausgewählten Frauen zum Thema «Frauen und Bundeswehr» zu sprechen. Wir
sehen darin den Versuch, Frauen als Alibi für die gewünschte weitergehende
Einbeziehung von Frauen in die Bundeswehr zu benutzen. Das ist nicht neu,
schon im Ersten Weltkrieg haben bürgerliche Frauenverbände Krieg und
Kriegsvorbereitung aktiv unterstützt. (Treffpunkt am 2. März, 17 Uhr im
Martin-Luther-King-Haus, Grindelallee 9.)

Wir werden mehr, jeden Tag

Hamburg, Januar 81

Liebe Schwestern,

leider bin ich am 8. März 1981 zum Treffen der Frauen nicht in Deutschland. Mit meinen Gedanken und meinem Herzen bin ich aber sehr dabei und wünsche Euch den Geist, der tröstet und Mut macht, den wir in der christlichen Tradition den Heiligen Geist nennen.

Es tröstet mich, daß wir mehr werden, jeden Tag. Die Lage ist zu ernst, als daß wir sie den herrschenden Männern allein überlassen könnten. Unser mittelfristiges Ziel könnte sein: niederländische Verhältnisse in der Bundesrepublik, daß wir wie in Holland etwa die Hälfte der Bevölkerung und dann auch des Parlaments für den Frieden gewinnen könnten. «Befreit die Welt von den Atomwaffen, beginnt damit in der Bundesrepublik!»

Es tröstet uns jeder junge Mann, der heute angesichts der atomaren Aufrüstung «nein danke» zu einer Bundeswehr sagt, die uns nicht mehr verteidigt, sondern durch ihre Erstschlagwaffen zum ersten Vernichtungsziel des Atomkriegs macht. Es tröstet mich jedes junge Mädchen, das nicht von Händen gestreichelt werden will, die außerdem das Töten lernen. Es tröstet uns jede Arbeiterin und jeder Arbeiter, der nachfragt, wozu die Produktion dient, jeder Wissenschaftler, der darüber nachdenkt, für was seine Forschung benutzt wird. Vor allem trösten uns jede Angestellte und jede Hausfrau, die nicht zum drittenmal in einem Jahrhundert mitmachen und gehorchen will. Wer schweigt und sich tot stellt, ist schon tot!

Der Geist, in dem wir handeln, tröstet nicht nur, er macht auch Mut. Es ist nicht wahr, daß wir Frauen zu unwissend und nicht Experten genug sind, die Wahrheit zu verstehen. Die Wahrheit ist dem Menschen zumutbar, etwas so Einfaches muß man der gegenwärtigen Regierung klar sagen! Die Wahrheit ist:

– Jede der 112 Atomraketen (*cruise missiles*), die für das Gebiet der Bundesrepublik vorgesehen sind, enthält an Sprengkraft das Zehnfache einer Hiroshima-Bombe.

– Atomwaffen sind Atomziele!

– Ein Wahnsinn dieser Art kann nur in einer Militärdiktatur durchgesetzt werden, die unter der Ideologie der «Sicherheit» alle demokratischen Rechte abbaut (das Recht der Veröffentlichung, des Streiks, der Demonstration). Wir Frauen sollen «dienstverpflichtet» werden – zur Beihilfe am Morden!

Der Geist macht uns aber Mut, die Wahrheit zu erkennen, die Informationen uns anzueignen und die Wahrheit zu verbreiten. Wenn die Medien uns nicht helfen – wir sind selber das Medium! Wir sind der Brief Christi, den alle lesen können, wo immer wir furchtlos handeln.

Der Mut, den der Heilige Geist gibt, erleuchtet auch unsere Phantasie.

Wir werden neue Methoden des Kampfes finden, die sich an den Vorbildern der Gewaltlosigkeit orientieren, wie Gandhi, wie Martin Luther King und wie die bolivianischen Frauen, die durch einen Hungerstreik 52 politische Gefangene befreiten. Wie diese Leute werden wir öffentlich illegal handeln. Es ist keine Schande, für den Frieden ins Gefängnis zu gehen, eine Schande ist es, alles mit sich machen zu lassen. Die atomare Bewaffnung Europas unter der Führung der Bundesregierung ist der Ernstfall. Niemand hat uns gefragt, ob wir die totale Aufrüstung wollen. Auch die Regierung weiß, daß Deutsche, die aus der Geschichte gelernt haben, nicht noch einmal brüllen werden: Ja!

Es widerspricht der menschlichen Würde, alles mit sich machen zu lassen. Wir sind wahrheitsfähig, und wir sind friedensfähig, auch wenn uns das Tag für Tag bestritten wird.

Im Geist, der tröstet und Mut macht, sagen wir NEIN zu denen,
– die den Atomkrieg planen,
– die den Atomkrieg vorbereiten,
– die am Atomkrieg verdienen.

Ja sagen kann nur, wer gelernt hat, Nein zu sagen. Frauen in der ganzen Welt buchstabieren heute ein neues Ja: zu sich selber, zu ihren Kindern, zu den Armen und zu ihren Frauen, den Ärmsten. Zum Frieden. Laßt uns dazugehören.

Antwort auf die Frage,
ob das Christentum etwas Befreiendes
für mich habe

Es war immer langweilig in der Kirche
hör ich sagen, aber
die es mir sagt, ist schon lange erstickt.

Es hat mich nicht angesprochen
hör ich sagen, aber
ich habe keine Sprache gehört
als sie den Lautsprecher abstellten.

Es hat mir immer Angst gemacht
hör ich sagen, aber
der es mir sagt, ist täglich beschäftigt
den Overkill zu verbessern.

Das Evangelium hat mich weinen gelehrt
Es hat mir Angst gemacht vor den Angstlosen
es hat mich angesprochen unter den Sprachlosen
es hat mich durstig gemacht unter den Gelangweilten.

Das ist ein relativer Fortschritt.

Der Vorgang des Sicherinnerns

Einmal in diesem Sommer
hat der Kuckuck so lange geschrien
ich suche in meinem Gedächtnis
wann es war und warum
eine wilde Freude über mich kam
einmal in diesem Sommer

Ich seh den Hang mit dem nicht mehr gemähten Gras
die großen Kinder stehn an eine Bank gelehnt
Heuschnupfen kommt mir in die Nase
die Wolken tauchen wieder auf
einmal in diesem Sommer
hat der Kuckuck so lange geschrien

Die wilde Freude beim Zählen
als wär er nicht auszurotten
und zu vertreiben
einmal in diesem Sommer
der der Vorbereitung auf den dritten Weltkrieg dient
hat der Kuckuck so lange geschrien.

Das Glück am Leben zu sein

Aber was nötigt dich denn herauszugehen
aus dem mystischen Baum dem grüngoldenen
und warum bringst du das in Zusammenhang
mit den Pershing-two-Raketen
und ihrer besseren Zielgenauigkeit?

Ach, kannst du das nicht verstehen?
Glück mehr als ich umarmen kann
Angst mehr als ich atmen kann
das Glück macht mich wachsen
da kann ich nicht nur bei mir bleiben

Es ist keine Anstrengung und kein Müssen
es ist auch kein Hobby für die Freizeit
es ist einfach das Glück am Leben zu sein
das mich verführt den Frieden noch und noch zu erklären
denen die unter dem Menschenfresser leben.

Depressionen

Jemand erzählt mir von einer Frau die
in tiefer Depression
wie du vielleicht die du das liest
verlassen von dem Mann
den sie eine Zeitlang für ihren gehalten hat
wie ich vor langen Jahren
und später nicht klüger geworden
zum Fotokopiergerät ging mit Gedichten
wie das das du jetzt in der Hand hast
kopierte und an die Freunde schickte
hör mich meine jüngere Schwester
für die ich mehr als für alle schreibe
immer wieder soll sie das getan haben
ehe sie sich das Leben nahm

Jemand erzählt mir das
weil es doch einen Sinn habe
Gedichte zu schreiben
ehrlich ich weiß nicht

Jemanden begleiten
den man dann doch allein läßt

Eine Botschaft herumtragen
die ich nicht überbringen kann

Nicht der mir unbekannten Frau
nicht den mir zu gut bekannten
Befürwortern der Aufrüstung bis zum Tod
kann ich mitteilen

Was es bedeutet
Gott über alle Dinge zu lieben.

Brief an eine Freundin

Liebe Ruth,

jeden Morgen fragen die indianischen Mütter ihre Kinder, was sie geträumt haben; so wie wir fragen, wie war's denn in der Schule. Seinen Traum träumen und ihn mitteilen, das ist sehr wichtig. So ähnlich wollte ich Dich fragen und so wollte ich gefragt sein.

Freimut Duve hat einige Autoren nach der Vision einer «Sanften Republik» gefragt, und ich dachte, es müßte gut sein, mit Dir darüber zu sprechen. Dann habe ich Deine Examensarbeit gelesen, und es macht mich betroffen, was Du über *powerlessness* sagst, über die Machtlosigkeit der Schwarzen in Südafrika, die nicht kämpfen, über die Machtlosigkeit der Frauen, die sich mit ihrer Rolle, kolonialisiert zu sein, abgefunden haben. Du sagst, mit der Schwarzen Theologie, daß es Sünde sei, ohne *power* zu leben; daß es Verneinung dessen ist, wozu wir geschaffen sind, nämlich ein Ebenbild Gottes zu sein und zu partizipieren an seiner Kraft, Leben zu schaffen, es zu ermöglichen und zu befreien.

Ich wollte Dir schreiben über die sanfte, menschenfreundliche Republik, wie ich sie mir vorstelle, aber jetzt stocke ich. Kann ich denn von den Sanften reden, die das Erdreich besitzen werden, in der Mitte der Vorbereitung auf den dritten Weltkrieg, die wir erleben? Da kommt doch die Sünde, von der Du sprichst dazwischen. Da stellt sich doch das Gefühl der absoluten Ohnmacht ein. Da könnt ich mich doch selbst verbrennen, wie der Hartmut Gründler, und es würde nicht das geringste ändern. Da bin ich doch gar nicht mehr verbunden mit der *power*, Frieden herzustellen, da bin ich getrennt vom Leben, wenn Du so willst von Gott. Die Sünde, die Einwilligung in die erfahrene Ohnmacht, das sind ja keine theologischen Hirngespinste, sondern das Realste, mit dem wir täglich zu tun haben, der reale tägliche Dreck. Eine «Sanfte Republik» in einer sich beobachtbar mehr militarisierenden Gesellschaft? Hieße das nicht, unsere Träume über- und die Sünde, die genau weiß, daß nichts zu machen ist, unterschätzen? Ich fühle mich nicht mächtiger als ein schwarzes Schulmädchen in Soweto, ich fühle mich der Gewalt und dem Terror nicht weniger ausgeliefert. Staatsgewalt, versteht sich, Industrieterror und Militarisierung der Gesellschaft – wie können wir gegen die Ohnmacht angehen?

Ich habe die letzten Monate manchmal wie das Kaninchen vor der Schlange gelebt: jetzt, so empfand ich es, geht eine Phase der militärischen Geschichte unseres Landes zu Ende. Jetzt wird mit den alten Idealen, als sei die NATO zur Verteidigung von angegriffenen Ländern da, als sei der Pazifismus etwas Besseres als der Militarismus, gründlich aufgeräumt. Immer mehr Falken melden sich zu Wort, der Rüstungswettlauf wird auf eine neue Ebene gebracht, der Militärhaushalt erhöht; private Firmen werben offen für den Einbau von bombensicheren Kellern; Studenten faseln vom Auswandern nach Australien. Erst aufrüsten, so hieß es vor ein paar Wochen, dann kann man später immer noch verhandeln.

Der russische Einmarsch in Afghanistan paßt perfekt ins Konzept, er war das Beste, was passieren konnte, um nachträglich zu legitimieren, daß wir aufrüsten müssen, um abzurüsten. Aber ist er nicht, durch den Nachrüstungsbeschluß der NATO vom 12. Dezember 1979 erst möglich geworden, weil erst nach dieser Enttäuschung die Falken in Moskau Macht genug hatten?! Nur vereinzelte Stimmen sprachen für die umgekehrte Reihenfolge, daß man erst verhandelt und dann, unter vielleicht neuen Bedingungen, weiterrüsten könnte. Wie wird die Rüstungsspirale im Jahre 2000 aussehen? Niemand von denen, die heute für präventive Aufrüstung reden, kann im Ernst glauben, die Spirale später, durch Verhandlungen, zurückdrehen zu können. Ich weiß nicht, ob es in der Militärgeschichte einmal den Fall gegeben hat, daß man einem Planungsstab, einer militärischen Einheit oder gar einer wirtschaftlichen Lobby, die das Bombengeschäft bereits in der Tasche hat, daß man ihnen das neue Spielzeug wieder wegnehmen kann; nichts scheint mir psychologisch und ökonomisch unwahrscheinlicher. Ich habe Angst vor der zunehmenden Selbstverständlichkeit, mit der wir hinnehmen, daß Panzer unsere Straßen beschädigen, Übungsplätze unsere Erholungsgebiete verdrängen, Kasernen unsere jungen Leute «erziehen», Rüstungslasten unser Bildungs- und Sozialwesen aushöhlt.

Vor einiger Zeit wurde von seiten der Verteidigungslobby eine Diskussion angeleiert, wann denn Frauen endlich in die Bundeswehr dürften. Die Frage hieß von vornherein nicht: ob, sondern wann. Und das ist nur konsequent: zur militärisch-technologischen Eskalation gehört die psychologische Vorbereitung. Da *müssen* Gehirne gewaschen werden. Da tauchen Erwartungen auf wie: Ausbildungschancen für die technisch interessierten jungen Mädchen, die in unserer Wirtschaft keinen Platz finden. Da wird mit Hilfe von Diskussionen, die selbstverständlich ganz neutral das Für und Wider abwägen, Wehrbereitschaft hergestellt. In diesen Wochen, in denen das Bewußtsein in unserem Land immer mehr militarisiert wurde, habe ich versucht, gegen die Sünde, die Machtlosigkeit, die nackte Verzweiflung anzukämpfen und gegen sie Hoffnung zu entwerfen. Wie sähe eine Sanfte Republik, ein den Frieden suchendes Land aus? Wie könnte aus dem besetzten Gebiet, als das immer mehr Menschen dieses Land erfahren, ein Land für Menschen werden?

Ich will versuchen, meinen Traum im Rahmen des durchaus Möglichen zu halten. Ich habe, so merkwürdig es vielleicht klingen mag, immer noch nicht aufgegeben, die Vision einer *sanften Kirche*. Ich möchte mit Dir und vielen anderen darüber sprechen; ich knüpfe an gemachte Erfahrungen an, und natürlich habe ich Verheißungen im Ohr, die vor langer Zeit durch die Propheten dem Volk Israel und der Menschheit gemacht worden sind, die

Verheißung eines sanften Landes. Eine sanfte Kirche, eine Kirche des Friedens, wäre ein Anfang dazu und eine Hilfe.

Ich rede nicht von Weihnachtsfeiern, sondern von gewöhnlichen Pazifisten. Von militanten Peaceniks, die nein sagen zum Töten auf jeder Ebene. Nein zur Absicht des Tötens oder der Feindherstellung; nein zur Ausbildung im Töten oder dem Auf-Menschen-zielen-Lernen; nein zur Forschung, die dem dient (das sind in den USA zur Zeit 51 Prozent aller Wissenschaftler, die an die große Tötungsmaschine angeschlossen sind und sie bedienen); nein zur finanziellen Absicherung der Tötungskapazitäten. Ein militantes Nein ist es, von dem ich träume: Verweigerung, Sabotage, Résistance – das wäre eine sanfte Kirche. Eine sanfte Kirche könnte die Waffen nicht mehr segnen und auch nicht die, die sie tragen wollen. Solange wir aus den Schwertern noch keine Pflüge gemacht haben, aus Mittelstreckenraketen noch keine Traktoren und Schulbusse hergestellt sind, wäre es Sache der sanften Kirche, beim Unbrauchbarmachen der Tötungsmaschinen mitzuhelfen: gewaltfrei, aber illegal.

Eine sanfte Kirche könnte Theologie zwar vielleicht im *underground* betreiben, aber kaum an den Bundeswehrhochschulen. Theologie entstünde dort, wo Menschen um des Friedens willen Illegalität auf sich nehmen und bereit sind, dafür ins Gefängnis zu gehen. Sanft, aber mit dem klaren Nein zum Militarismus, das wir brauchen. Eine Kirche, stelle ich mir vor, in der jeder Konfirmand den Zusammenhang zwischen Massenverelendung der Dritten Welt und Militarismus verstehen lernt – samt seiner eigenen Rolle darin.

«Wer das Schwert nimmt, wird durchs Schwert umkommen» – wenn das schon nicht an Kasernentoren steht, warum nicht an Kirchenmauern?

Der bestehende Weltzustand, die internationale Arbeitsteilung zwischen uns, den Reichen, den Exporteuren der großen Technologien, und den Zonen der niedrigsten Gehälter und billigsten Arbeitskräfte, muß militärisch abgesichert werden. Die Verelendung der Länder, in die zu investieren nicht lohnt, weil sie anders als Südafrika, Brasilien oder Gabun keine Diktatoren haben, die für Ordnung und Profit sorgen, ist eingeplant zum Beispiel in den Vorstellungen der trilaterialen Kommission, das bestehende Gleichgewicht zu erhalten. Die Form von Ungerechtigkeit, in der wir leben, braucht Verteidigung; die Apartheit, die wir unterstützen, technologisch und handelsmäßig, braucht Sicherung. Unser Wohlstand braucht Eroberungskriege, das ist in den letzten Äußerungen des CDU-Wehrexperten Wörner klargeworden.

Mehr denn je gehören heute Eigentum und Militarisierung, Märkte und Waffen zusammen. Als vor 800 Jahren Franz von Assisi einmal gefragt wurde, ob sein Leben ohne Besitz nicht hart und allzu beschwerlich sei, antwortete èr: «Wollen wir etwas besitzen, dann müßten wir auch Waffen zu unserer Verteidigung haben. Daher kommen ja die Streitigkeiten und Kämpfe alle, und verhindern die Liebe. Aus diesem Grund wollen wir nichts besitzen.» Eine «sanfte Kirche» wäre eine Kirche des heiligen Franz.

Laß uns nicht sagen oder auch nur in einem Winkel unserer Herzen denken, daß dies Spinnereien sind. Laß nicht zu, daß der Militarismus auch unsere Träume und Wünsche zerstört, daß wir die Sünde der Ohnmachtserfahrung über uns herrschen lassen. Ich möchte es Dir, Ruth, und Deinen Freunden und allen, die in der Gefahr innerer oder äußerer oder grüner Emigration stehen, sagen: es gibt historische Erfahrungen *gegen* die Sünde der Ohnmacht. Es hat Christen gegeben, die ihr Christsein nicht unter der Allianz von Thron und Altar, von Seiner Majestät, dem Verfassungsschutz und seinen Hoftheologen, gelebt haben. Es hat sanfte Kirchen gegeben, historische Friedenskirchen, es hat Christen gegeben, die das «Gott mit uns» nicht auf dem Koppelschloß trugen, es aber auf den zurückgeschickten Steuerbescheid geschrieben haben.

Ich denke an zwei wichtige Erfahrungen in der Gegenwart: einmal den Widerstand amerikanischer Christen gegen den Vietnam-Krieg, der mit zur Beendigung des Völkermords in Südostasien beigetragen hat. Widerstand im Sinne von Militanz und Illegalität. Christen haben Einberufungsbefehle öffentlich mit Napalm übergossen und verbrannt, sie haben wochenlang Güterzüge mit Kriegsmaterial blockiert, indem sie sich auf die Schienen setzten. Viele von meinen Freunden in den USA erzählen selbstverständlich: «Damals? Nein, da war ich gerade im Gefängnis.»

Das andere Beispiel ist der Widerstand der Holländer gegen die sogenannte Nachrüstung, an dem die Christen maßgeblich beteiligt sind. «Ohne die Kirche keine Rakete», wie es in der *Frankfurter Rundschau* hieß. Das niederländische Parlament hat die Stationierung von Mittelstreckenraketen abgelehnt – ein Zeichen des Friedens. Unter der Parole «Abrüstungsverhandlungen ja – Modernisierung nein» fanden sich allein in Utrecht 20 000 Demonstranten. Diese Entscheidung der Holländer wäre ohne die jahrelange geduldige Friedensarbeit der Kirchen nicht denkbar, auch nicht ohne den «Interkirchlichen Friedensrat» (IKV), zu dem es in den so viel reicheren deutschen Kirchen keine vergleichbare Institution gibt.

Ein Stück Regenbogen also, gerade über der Grenze, zwischen Gott und einer nicht mehr verfluchten Erde.

Ist es zu utopisch, sich eine Kirche vorzustellen, die mehr unter der Erhöhung des Wehretats leidet als unter der Abschaffung des § 218? Eine antimilitaristische Kirche, das klingt in einem Land, dessen gesamte christliche Tradition vom Obrigkeitsdenken geprägt ist, wie blanker Hohn. Wenn ich gelegentlich hier etwas von christlichem Anarchismus erzähle, sehen mich die Leute an, als käme ich vom Mond.

Aber so fern wie der Mond liegt es gar nicht, die Bergpredigt ernst zu nehmen. «Selig sind die Sanften», heißt es da, «sie sollen das Erdreich besitzen.» Eine Kirche des Friedens, eine Kirche der Leute, eine sanfte Kirche, die von unten Gegenmacht aufbaut, könnte auch für eine unsanfte Gesellschaft, die sich weiter militarisiert, ein echtes Gegenüber sein.

Könnte es nicht auch unseren Falken in der CDU zu denken geben, daß im Programm der niederländischen Christdemokraten das Zurückdrängen der Kernbewaffnung ein wesentlicher Punkt ist? Wäre da nicht zumindest noch eine Anfrage möglich, ein Gespräch, eine Alternative im Lebensstil und den politischen Erwartungen?

Es gibt, auch in unserem unsanften Land, Gruppen von Christen, die ohne den Schutz von Waffen zu leben bereit sind. Vielleicht werden sie eines Tages auch die Militanz des Glaubens wieder entdecken, gegen die gottlose Ohnmacht der vom Militarismus Kolonialisierten.

Beten und Widerstand leisten also, wie gehabt. Franziskus lebt! Vergiß das nie.

Januar 1980   Deine
                                                 Dorothee Sölle

*Aus: Kämpfen für die sanfte Republik, Hg. v. F. Duve/
H. Böll/K. Staeck, Reinbek 1980 (rororo aktuell 4630)*

Als der Strubbelkopf

Als der Junge mit dem rötlichen Strubbelkopf aufstand
wie er denn das den Führern seiner Partei erklären könne
als er sich nicht abspeisen ließ
und mit seinem Unterklassenakzent fragte
wie ich denn meiner alten Tante in Deutschland
der berüchtigten Espede wohl erklären könne

was Christus bedeutet so sagte der Strubbelkopf wörtlich
und warum das sogenannte Machbare der Tod ist
der Tod ist der Tod ist er geriet da ins Stottern
und als er dann ein drittes Mal anfing
eine nichtakademische Frage zu stellen
in einem britischen College

da hörte ich endlich hin und merkte
daß es ein Schrei war
da sah ich endlich hin und entdeckte
die Flügel an seinem miesen Regenmantel
immer noch dacht ich hat Gott
seinen Engeln befohlen über uns
daß wir nicht sterben müssen
an der Einsamkeit der Kämpfenden.

Kinderfragen

Es gibt viel Angst mein Jüngstes
die ich dir nicht nehmen kann
Großmutter ist gestorben
und Panzer brauchen sie für den Krieg

Es gibt viel ich kann nicht
wenn du mich fragst, mein Jüngstes
Großmutter schälte Kartoffelschlangen
Der Friede ist ein Hirsekorn klitzeklein

Die großen Jungs in den Panzern
fürchten sich auch und wollen lieber nicht rein
das Reich Gottes ist noch winziger
als du warst und wird ein Baum sein
darunter zu wohnen.

Gott lebt ohne Schutz

Beginnen will ich diese Meditation über den Todestag Jesu mit einem Bericht über einen Gottesdienst, an dem ich voriges Jahr teilnahm.

Eine kleine Gruppe von Christen, darunter einige katholische Nonnen und eine ganze Anzahl von Spanisch sprechenden Flüchtlingen, stand vor dem Weißen Haus in Washington. Die Sonne war herausgekommen, die Touristen strömten vorbei; manch einer blieb für eine Weile stehen oder schloß sich uns an. Wir hatten ein altes Symbol christlicher Frömmigkeit gewählt, die Betrachtung der Leidensstationen Christi auf seinem Weg zum Kreuz. Er wird gefangengenommen, er wird verhört, er wird mit einer Dornenkrone gekrönt, er bricht das erste Mal unter dem Kreuz zusammen, bis zum Tod unter der Folter. Ein Sprecher erinnerte daran, daß heute der Todestag Jesu sei, daß am gleichen Tag vor elf Jahren Martin Luther King erschossen wurde und daß vor wenigen Wochen Oscar Romero, Erzbischof in San Salvador, während er die Messe las, ermordet wurde.

Die Namen der einzelnen Stationen des Leidens Jesu wurden genannt und jeweils dazu große Bildtafeln hochgehalten, die das Leben der Menschen in El Salvador heute darstellten. Da sah man zu dem Text *Er wird gefangengenommen* ein Foto, wie die Guardia Civil, die Polizei, Bauern in einen Jeep stößt und abtransportiert. Da sahen die Passanten und wir, die den Gottesdienst feierten, wie Frauen im Dorf ihre verschleppten und wohl ermordeten jungen Söhne suchten; darunter stand *Er bricht zum erstenmal unter dem Kreuz zusammen.* Da sahen wir einen von Kugeln durchsiebten Körper am Straßenrand liegen. Da waren unter der Überschrift *Er wird ausgepeitscht* die heutigen Folterwerkzeuge zu sehen, die *picana*, das Elektrofoltergerät, der Wassereimer, in den jemand bis zum Ertrinken getaucht wird. Der Kommentar war kurz und nüchtern, wir beteten zusammen, und zwar meist traditionelle Gebete. Das Foto Oscar Romeros lag auf dem Rasen, es gab eine Anspielung auf Pontius Pilatus, der im Weißen Haus sitzt und seine Hände in Unschuld wäscht, weil er angeblich nichts damit zu tun hat; es gab Nachdenken, Betroffenheit, Schmerz; es gab die aufgewühlten Gesichter der jungen Flüchtlinge aus Uruguay, Chile, Argentinien, die ähnliche Erfahrungen gemacht oder ihnen mit knapper Mühe entronnen waren. Wir waren eine kleine Gruppe, höchstens vierzig. Tausende von geschäftigen Angestellten und Touristen gingen vorbei. Wir waren sehr wenige.

Später ging ich, meinen eigenen deutschen Traditionen folgend, in ein geistliches Konzert in eine dieser riesigen neogotischen Kathedralen, saß unter besser gekleideten Bürgern und hörte Barockmusik in einer Atmosphäre, die ich als gedankenlos und emotionsfrei empfand.

Drei Fakten aus der Biographie des neuen Außenministers

Erprobt im Dienst
sorgte Haig für die 18 ½ Minuten aus Tonbändern Richard Nixons
sie verschwanden für immer
und Nixon lief frei und geachtet herum

Geprüft in der Treue
konnte die Nixonkreatur nicht den Oberbefehl erhalten
ohne Zustimmung der Senatoren in Washington
da kam er ohne demokratische Spiele nach Brüssel

Zu Hause im Geschäft
war ist und wird bleiben Al Haig Präsident von
United Technology
die größte Lieferantin von Rüstung
die wir auf Erden kennen zur Zeit

Erprobt im Dienst des Menschenfressers
geprüft in der Treue zum Menschenfresser
Zu Hause im Geschäft Menschen zu fressen
tritt er sein Amt an.

Welten lagen zwischen diesen beiden Erfahrungen mit Karfreitag, aber am Ende dieses Tages wußte ich ziemlich genau, wo ich hingehöre: auf die Straße, nicht ins festlich schöne Haus, zum dünnen Gesang, nicht unter den Schatten des Orgeltons. In die nichtrespektierte Gruppe derer, die Karfreitag nicht ästhetisch genießt, sondern ihn mit den Erfahrungen des Leidens heute zusammendenkt. So ähnlich, dachte ich, muß es den ersten Christen ergangen sein: eine belächelte Randgruppe von Außenseitern, nicht beheimatet in den offiziellen Kulten, die alle auf Sanktionierung der Staatsmacht ausgerichtet waren, auf Verklärung des schönen Lebens der Großen, auf Verschweigen des unterdrückten Lebens der vielen. Heute sind diese vielen die zwei Drittel der Weltbevölkerung, die nach wie vor in Elend und Hunger dahinvegetieren; ich nenne sie mit dem biblischen Ausdruck «die Armen».

Ich glaube, man kann den Tod Jesu nur verstehen, wenn man die Folter und die Hinrichtung, die wir mit dem schön klingenden Wort «Passion» umschreiben, heute und hier wahrnimmt. Wenn man mitleidet an dem Todeskampf und den Schmerzen, die Menschen heute um der Gerechtigkeit willen zugefügt werden. Es ist nicht in unser Belieben gestellt, diese Beziehung Christi auf die gegenwärtige Situation herzustellen oder zu unterlassen; die Unterlassung ist vielmehr die Verleugnung Jesu. Wir müssen ihn «ins Fleisch ziehen», wie Luther das ausdrückte, ins historische Fleisch, in das, was Menschen heute betrifft. Wenn Luther diesen Ausdruck benutzt, so meint er ihn durchaus polemisch gegen die, die Christus nicht ins konkret-alltägliche Fleisch ziehen wollen, sondern die ihn spiritualisieren, so daß er mit den in El Salvador zu Tode gefolterten Bauernjungen nichts zu tun hat. Ins Fleisch ziehen heißt, ihn aus der Abstraktion, der Ferne, der bloßen Gedachtheit herunterzubringen in die Realität, mit der wir zu leben haben.

Er jedenfalls hatte es mit der politischen Realität zu tun, auch damals. Jesu hat sein Leben aus Liebe zu den Armen hingegeben. Hätte er nur und vor allem die Reichen geliebt, wie wir gern annehmen aus leicht durchschaubaren Gründen, so hätte er nicht sterben brauchen. Die große Konfrontation am Ende seines Lebens, daß er nämlich nach Jerusalem hinaufzog, ins Herz der Ordnungsmächte, hat nur Sinn, wenn man sie als Konfrontation im Interesse der Armen versteht. Jesu Basis, sein Anhang, der Zulauf, den er fand, war in Galiläa stärker, hier konnte er Kranke heilen, Hungrigen zu essen geben und seine Botschaft verbreiten. Aber die eigentliche Krankheit der Menschen saß woanders; ihren Hunger wirklich zu stillen, dazu brauchten sie eine weit radikalere Umverteilung der Güter dieser Erde; die Botschaft wirklich zu verstehen, dazu reichten offenbar Worte allein nicht. Jesus ist ein Mensch gewesen, der sein Leben aus Liebe zu den Armen hingab, er verschenkte sein Leben, statt es zu horten und zu sichern. Er verschleuderte es, so meinte seine Familie, die ihn mehr oder weniger für verrückt hielt. Darin ist richtig gesehen, daß er freiwillig tat, was er tat.

Es lag keinerlei Zwang vor, so als hätte Gott ihn zum Leiden bestimmt und er müsse nun dem schicksalhaften Auftrag folgen. Das ist schlechte Theologie, weil sie das Moment der Freiheit nicht zum Ausdruck bringen kann. Gott hat den Jesus, wenn man so reden will, zur Liebe bestimmt, das heißt zur größten denkbaren Freiheit überhaupt. Und diese Liebe führte, wie jede ernsthafte Liebe, auch zum Leiden. Sie führte ihn ins Zentrum der Macht, nach Jerusalem. Aus der Provinz in die Hauptstadt, aus der ländlichen Synagoge in den Tempel, aus dem Kreis der Armen in den Kreis der Reichen. Sie führte ihn aus dem Verborgenen ins Offene. Lieben heißt, sein Gesicht nicht verstecken, wie es in einem politischen Lied aus Chile heißt. Jesus hat sein Gesicht immer weniger versteckt. Am Ende war das, was er war, vollständig sichtbar geworden. Sie folterten ihn so lange, bis nichts Verbergendes, nichts Halbes, nichts Vorsichtiges, Zurückhaltendes mehr an ihm war. Dann konnte er sagen: es ist vollbracht. Ich bin da, der Mensch für andere.

Damit war eine neue Qualität des Menschseins erreicht, etwas, für das es in der damaligen Sprache gar keine Worte gab. Das Geheimnis Jesu, seine Kraft, sein Das-Gesicht-nicht-Verstecken mußte irgendwie benannt werden. Der Ausdruck, den die ersten Freunde Jesu fanden, der nach ihrer Meinung der Sache am nächsten kam, hieß «Sohn Gottes», Sohn des Höchsten. Wie konnte so etwas behauptet werden über einen Politkriminellen, den man gerade zu Tode gefoltert hatte. Ein römischer Hauptmann stand am Karfreitag am Kreuz und «sah», wer dieser Jesus war. «Wahrlich, ich sage euch, dieser ist Gottes Sohn gewesen.» Was konnte er damit meinen? Ich verstehe es so: Dieser hat sein Gesicht nicht versteckt. Dieser hat sein Leben aus Liebe zu den Armen hingegeben. Dieser war so nah zu Gott wie ein Sohn zu seinem Vater. Dieser hat Wahrheit sichtbar gemacht, von der wir sonst nur reden. Er war Wahrheit: Licht, Wasser, Brot des Lebens. So jedenfalls haben es die, die ihm folgten, verstanden.

Jesus hat ohne Schutz gelebt. Das ist keine Aussage des Glaubens, sondern eine schlichte Feststellung. Er hat auf den Schutz, den eine Familie bietet, verzichtet. Er hat den Schutz, den Eigentum herstellt, nicht gewollt. Er hat den Schutz der überlegenen Redekunst nicht angewandt, sondern geschwiegen. Er hat ausdrücklich auf den Schutz durch Waffen und Heere verzichtet. Als Petrus ihn bei der Gefangennahme verteidigen will, sagt er: «Stecke dein Schwert an seinen Ort! Denn alle, die zum Schwert greifen, werden durch das Schwert umkommen. Oder meinst du, daß ich nicht meinen Vater bitten könnte, und er würde mir sogleich mehr als zwölf Legionen Engel zur Seite stellen?» (Mt. 26, 52 f). Eine Legion bestand in der Regel im römischen Heer aus sechstausend Mann; die Zahl steht hier symbolisch für eine unermeßlich große Zahl. Wenn Jesus Schutz begehrte, so könnte er sich an Gott wenden und sich von Gott schützen lassen. Aber er bittet Gott nicht um Schutz, er lebt und handelt ohne Schutz. Die Mächtigen behandeln ihn wie einen Gewaltverbrecher, von dem man den äußersten Widerstand erwarten muß, während er jeden Tag ohne Schutz und ohne Fluchtgedanken öffentlich im Tempel lehrte, wo er im hellen Tageslicht leicht zu greifen gewesen wäre. «In jener Stunde sprach Jesus zu der Menge: wie gegen einen Räuber seid ihr ausgezogen mit Schwertern und Stöcken, um mich zu ergreifen. Täglich habe ich im Tempel gesessen, und ihr habt mich nicht festgenommen. Dies alles ist aber geschehen, damit die Schriften der Propheten erfüllt wurden. – Da verließen ihn alle Jünger und flohen» (Mt. 26,56).

Jesus lebte ohne Schutz. Als diese Schutzlosigkeit sichtbar geworden war, als er die natürliche Reaktion, nämlich zurückzuschlagen, wenn man angegriffen wird, zurückwies, als er es ablehnte, auf das Eingreifen der höheren Macht zu hoffen, da verließen ihn die Jünger und flohen. Schutzlosigkeit war für sie offenbar nicht zu ertragen: dann doch lieber Gewalt, dann doch lieber gerüstet sein, dann doch lieber zumindest drohen können.

Aber Jesus lebte ohne Schutz. Er ertrug die Schutzlosigkeit nicht nur, er wählte sie freiwillig. Er wählte, ohne Waffen zu leben, ohne Gewalt und ohne den Schutz, den Gewalt, auch angedrohte Gewalt, bietet. Jesus war nicht gerüstet, und er bemühte auch nicht die Rüstung anderer, um sich hinter ihr zu verstecken. Diese Schutzlosigkeit hat ihre eigene provokative Kraft.

Die Jünger Jesu haben eben das, diese Kraft, im Laufe des Prozesses erfahren. Sie haben dann eines Tages begonnen, diesen Menschen, der schutzlos, waffenlos und gewaltfrei unter ihnen lebte, «Sohn Gottes» zu nennen. Das bedeutete ein Ja zu dem Weg Jesu, ohne Waffen zu leben. Er ist der Sohn Gottes, hieß ja nicht: er hat alle Waffen, alle Legionen, alle Drohungen, alle Vernichtungsmöglichkeiten um sich. Es bedeutet das Gegenteil von «Gott mit uns» auf den Koppelschlössern irgendeiner Armee.

Jesus Schutzlosigkeit, Jesus Gewaltverzicht als Ausgangspunkt dafür, ihn als Sohn, als Freund, als Erben, als Sichtbarmacher, als Realisator Gottes anzusehen, enthält auch ein anderes Verständnis von Gott als das unter uns übliche. Wenn die Jünger recht hatten, als sie ihn «Gottes Sohn» nannten, wenn diese Art sich auszudrücken, einen Wahrheitskern hat, dann muß auch das Wort «Gott» einen ganz und gar anderen Sinn haben als den, den wir gewöhnlich annehmen. Wenn Jesus der ist, der sein Gesicht nicht versteckt, dann kann auch Gott sein Gesicht nicht gut länger verstecken. Wenn Jesus gewaltfrei lebt und handelt, dann muß auch Gott ohne Gewalt auskommen. Wenn Jesus angstfrei geworden ist, dann muß auch Gott angstfrei werden, das bedeutet, auf Waffenmacht verzichten. Unter uns – ob wir an Gott glauben oder nicht – ist üblich, daß wir Macht anbeten, Stärke verehren, Gewalt befürworten, vor allem natürlich, wenn sie als Staats- und Polizeigewalt einherkommt. Weit tiefer, als wir ahnen, sind wir im Bannkreis der Gewalt. Leben heißt, sich nicht verstecken und ohne Schutz leben. Aber wir verstecken unser Gesicht vor den Verhungernden und zeigen ihnen statt dessen die Legionen von Vernichtungsmöglichkeiten, die wir bereithalten.

Als der gewaltfrei und schutzlos lebende Mann aus Nazareth von immer mehr Menschen als Sohn Gottes angesehen und auch so genannt wurde, da änderte sich auch das Verständnis von Gott. Im Johannesevangelium wird das so ausgedrückt, daß Jesus den unsichtbaren Gott kundmacht oder auslegt, das Wort, das da auftaucht, heißt «exegetisiert». Jesus stellt die Exegese Gottes dar. «Keiner hat Gott je gesehen. Der eingeborene Sohn, der im Schoß des Vaters zu Hause ist, hat uns sein Geheimnis erschlossen» (Joh. 1,18). Christus hat Gott, den wir sehen wollen, aber nicht sehen können, sichtbar gemacht, so daß wir von neuem wissen können, wer Gott ist und wo wir ihn suchen wollen. Christus legt Gott aus als die Liebe, die sich selbst gibt.

Gott will sich selbst nicht schützen und unnahbar halten. Gott hat auf Gewalt und Eingreifen in der Art von Superherren verzichtet. Gott übt keine Gewalt. Gott hat abgerüstet in Jesus Christus. Gott begab sich schutzlos und ohne Rüstung in die Hände derer, die immer nach mehr Schutz und mehr Rüstung schreien. In Jesus Christus verzichtete Gott auf Gewalt. Selbstverständlich tat er das einseitig und ohne darauf zu warten, daß wir zuerst die Waffen weglegen. Gott rüstete in Christus einseitig ab, er fing damit an. Er wartete nicht auf die anderen, die doch erst mal die Waffen weglegen sollen. Er fing an in Christus unilateral, auf der eigenen Seite, auf Gewaltdrohung zu verzichten.

Vor kurzem sah ich einen protestantischen Kirchenführer im Fernsehen zu der Frage: «Aufrüstung oder Abrüstung, wo steht die Kirche?» Stellung nehmen. Er sprach im wesentlichen über militärische Notwendigkeiten und wurde von dem Reporter gebeten, doch einmal theologisch Stellung zu nehmen. Darauf erwiderte er, daß wir theologisch doch alle in einem Schuldzusammenhang stünden.

Die Treulosigkeit der Welt (P. Bruegel)

Schuldig, so habe ich es im Gedächtnis, werden wir allzumal, ob mit oder ohne Waffen. Das erste also, was ihm zur Frage Theologie einfiel, war Schuld. Wenn protestantische Kirchenführer heute in Abrüstungsdebatten vor allem herausstellen, daß wir doch alle Sünder seien, so setzt das eigentlich eine Absage an Gott, der nicht droht und Gewalt übt, voraus. Wenn

103

der wichtigste Inhalt des christlichen Glaubens die Sünde ist, nicht unsere Fähigkeit zu lieben, wenn das, woran wir eigentlich denken sollen in der Kirche und bei der Religion, unsere Ohnmacht und Schwäche, unsere Schuld und unser Immer-wieder-Versagen ist, dann sind die Weichen schon gestellt. Dann hat man die eigenen Ängste lieb, dann hätschelt man das eigene Sicherheitsbedürfnis, dann verneint man, daß Menschen friedensfähig sind, dann läßt man den waffenlosen Christus allein und läuft weg, wie die Jünger nach der Gefangennahme Jesu, als von Waffen und Schutz nichts mehr zu erhoffen war. Dann sucht man sich lieber andere Herren, die mehr Schutz und Sicherheit bieten. Der alte Kreislauf sieht so aus: schwach sein und sich schwach fühlen – Angst haben und darum andere das Fürchten lehren – sich sichern, das heißt, sich einmauern und sich verstecken, mitten im Panzer der Macht, mitten im Kontrollturm der Vernichtungsgewalt und wieder schwach sein und darum auf den Knopf drücken müssen.

Christus hat den Kreislauf von Schwäche, Angst, Schutzbedürfnis, Selbstsicherung und Gewalt durchbrochen, indem wir noch immer leben. Es ist nicht wahr, daß du schwach bist, sagte er den Menschen. Du kannst, wenn du glaubst. Du bist stark, du bist schön. Du brauchst keine Festung bauen und dich dahinter zu verstecken. Du kannst ohne Rüstung leben. Weil du stark bist, kannst du dieses neurotische Sicherheitsbedürfnis weglassen. Du brauchst dein Stück Leben nicht wie ein Verrücktgewordener zu verteidigen. Du kannst, sagt Jesus, dein Leben aus Liebe zu den Armen verteilen. Der Mechanismus von der Schwäche über das Schutzbedürfnis zur Gewalt trägt nicht. Gott ist in dir, du brauchst dich nicht zu schützen, es ist möglich, ohne Gewalt und ohne Rüstung zu leben.

Rundfunkvortrag zum Karfreitag 1981,
Südwestfunk Baden-Baden

Ausschnitt aus: Dulle Griet (P. Bruegel)

«*Ich habe keine politische Analyse des Widerstands, die zu Hoffnungen berechtigt. Wir müssen mit dem Schlimmsten rechnen, für eine Zeit. Aber aus der Tradition, auf die sich die in El Salvador Kämpfenden und Leidenden berufen, weiß ich: Der Terror hat nicht das letzte Wort.*»

Chile im Sommer 1978

An das Betteln kann ich mich gewöhnen
mal geb ich mal nicht
aus Eile
Gleichgültigkeit
oder Mangel an Kleingeld

Schlecht gewöhnen kann ich mich
an die unaufhörlich redende alte Frau
ihr Mann ist vor fünf Jahren geholt worden
sie gibt mir ihre Adresse
weil niemand ihr schreibt
aus Eile
Gleichgültigkeit
oder Mangel an Zeit

Nicht gewöhnen werd ich mich
an das Foto eines 22jährigen
der zuletzt im Folterzentrum gesehen worden ist
vor anderthalb Jahren
seine Mutter sieht mich an
und ich nehme das Foto
und trage es mit mir herum
trotz Eile
Gleichgültigkeit
und chronischem Mangel an Zeit
wie man ein Kind trägt
monatelang
das Foto in meiner Tasche

Und ich verspreche dir
Mutter von 551054 Stgo
mich nicht zu gewöhnen
an das Verschwinden
an das Alleingelassenwerden
an das Betteln
deinetwegen

werde ich mich an nichts gewöhnen
werden wir es uns nicht wohnlich machen
im Zusammenhang
von Betteln und Verschwinden
von Folter und Fußball
von Angst und Profit.

Aus: «fliegen lernen», Berlin (W. Fietkau Verlag) 1980

Mädchen aus Chile

Mädchen aus Chile
das lange glatte Haar
über dem breiten Gesicht der Indios
ich sehe dich den Hörer auflegen
in der Telefonzelle
und lächeln
und über die Straße gehen
und lächeln
und weiß was du gesagt hast
und wem

Mädchen aus Chile
gestern sah ich eine deiner Schwestern
auf dem Bett liegen vor Schwäche
weil sie seit vierzehn Tagen nicht ißt
für ihren Vater
abgeholt verschwunden gefoltert vielleicht ermordet
Mädchen aus Chile
gestern sah ich deine Schwester
dein Lächeln lächeln
unter den sanften unbewegten Augen
als sie von ihrem Vater sprach
und von ihren Kopfschmerzen
und von ihrem Vater

Mädchen aus Chile
in deinem Land gehören zusammen
die Liebe und der Hunger
das Lächeln und der Streik
die Frauen und die Stärke
Mädchen aus Chile
kleine Schwester
nur bei euch
teil dein Lächeln mit uns
deinen Hunger nach Recht
deinen Kampf
der schön macht.   *Aus: «fliegen lernen», Berlin (W. Fietkau Verlag) 1980*

Menschenrechte in Lateinamerika
Zum Problem der Verschwundenen

Im September vorigen Jahres traf ich in Buenos Aires einen argentinischen Pfarrer, der in New York bei mir studiert hatte. Er stellte mir seine Schwester vor. Ihr Mann wurde an einem Freitagabend von der Polizei verhört, in seinem Haus. Montag morgen wollte er zur Arbeit gehen. Er sagte: er habe nichts Unrechtes oder Subversives getan, jeder soll seine Pflicht tun. Er war Perronist, fügte Ernestos Schwester hinzu. So ging die Tochter zur Schule, der Sohn zur Arbeit, die Mutter ins Büro, und der Vater verließ ebenfalls das Haus. Das war vor zwei Jahren. Sie haben ihn nie wiedergesehen, es gibt keinerlei Spuren oder Hinweise.

Diese Frau gehört zu den 5580 Personen in Argentinien, die Antrag auf Habeas Corpus-Akte gestellt haben. Sie gehört zu den Angehörigen der Verschwundenen; zu den Müttern von der Plaza de Mayo, die sich jeden Donnerstagnachmittag dort vor dem Regierungsgebäude in Buenos Aires im schweigenden Protest trafen, ehe man ihnen auch das Anfang letzten Jahres verboten hat; zu denen, die von Regierungsbeamten «Las Locas», die Verrückten, genannt werden, die sich nicht zum Schweigen bringen lassen und die nur in äußerster Bedrohung untertauchen oder außer Landes gehen; zu denen, die die einfachste und menschlichste Frage stellen, die heute in ganz Lateinamerika gestellt wird: *donde estan?* Wo sind sie? *donde estan?* Man sieht es auf den Mauern von Kirchen und Justizpalästen, auf den Papptafeln, die bei kurzfristigen und schnell wieder aufgelösten Demonstrationen getragen werden, man liest es auf Flugblättern und hört es gesungen in einer Pena, einem kleinen Lokal, wo jeder zur Gitarre greifen kann. Als ich vor zwei Jahren in Santiago de Chile war, sah ich es in der Kirche «Jesus Obrero», wo vierzig Angehörige und Freunde im Hungerstreik auf Feldbetten lagen, Schilder und Inschriften bei sich: Wo sind sie? Gebt sie heraus! Wir werden sie wiederfinden!

Nach den vorsichtigen Schätzungen sind heute (dieses Manuskript wurde im Januar 1980 verfaßt) in lateinamerikanischen Gefängnissen und Lagern mindestens 17000 politische Gefangene inhaftiert. Viele sind ins Exil getrieben worden. Mindestens 30000 Menschen sind während der letzten zehn Jahre verschwunden. Die Mehrzahl von ihnen dürfte ermordet worden sein. Ich baue meine Darstellung auf die Gespräche auf, die ich bei Besuchen in Chile und Argentinien geführt habe. Die Geschichten, die ich weitererzähle, habe ich von den Beteiligten selber gehört, es versteht sich von selbst, daß ich die Namen der Betroffenen, der Gewährsleute und der Orte nicht angebe. Ich habe außerdem im September 1979 an einem Hearing in Washington teilgenommen, in dem Zeugen vor dem Unterausschuß der internationalen Organisationen, der zum Komitee für auswärtige Angelegenheiten im Abgeordnetenhaus gehört, Aussagen zum Problem der Verschwundenen und des Verschwindens machten. Die Zeugen gehörten kirchlichen Organisationen, der Internationalen Liga für Menschenrechte und Amnesty International an.

Die wichtigsten Länder, in denen das Phänomen des Verschwindens ein neues politisches Mittel des Terrors ist, sind Argentinien, Chile, Uruguay und El Salvador, was nicht heißt, das nicht dieselbe Praxis in begrenztem Umfang auch in anderen Ländern befolgt wird. Ich kann hier nicht auf die nationalen historischen Unterschiede eingehen, sondern beschränke mich darauf, die Struktur der Sache darzustellen und sie an Hand der Begegnungen, die ich hatte, zu reflektieren.

«Verschwinden»

«Verschwinden» im neuen Sinn bedeutet das unfreiwillige Verschwinden von Individuen durch die Mitschuld, die Einwilligung oder die Konspiration von Regierungskräften. Zum Verschwinden gehören Subjekte, Objekte und bestimmte Handlungsabläufe. Verschwindenmachen ist eine Art von Staatsterror, ein internationales Verbrechen. Es ist ein relativ neues Phänomen in der Geschichte des staatlichen Terrors. Die Fälle, von denen hier die Rede ist, haben sich alle innerhalb der letzten zehn Jahre abgespielt. Jemanden verschwinden machen ist unterschieden von einer gewöhnlichen Entführung, weil keine Forderung nach Lösegeld oder anderen zu erfüllenden Bedingungen damit verbunden ist. Es bedeutet die Festnahme, Verschleppung und folgende Isolationshaft von Personen, wobei vernünftige Gründe dafür sprechen anzunehmen, daß der Verschwundene tatsächlich auf Veranlassung einer Regierung oder ihrer Sicherheits- und Polizeikräfte verschleppt worden ist. Die Zusammenarbeit der verschiedenen nationalen Geheimdienste und Todesschwadronen ist gut bezeugt, Leichen von Personen, die in Argentinien verschwanden, sind zum Beispiel in Uruguay wieder aufgetaucht.

Das Verschwinden ist ein neuer krimineller Tatbestand, wir haben noch nicht einmal ein Wort für die Verbrecher, die Leute verschwinden lassen. Wir können sie Entführer, Vergewaltiger, Folterer oder Mörder nennen, aber damit ist das Verbrechen noch nicht benannt, das Verschwindenmachen. Normalerweise leugnet die Regierung jede Mitschuld am Verbrechen. In Chile ist zum Beispiel Frauen, die ihren Mann suchten, in süffisantem Ton gesagt worden: «Ach, hatten Sie nicht auch Eheschwierigkeiten? Eine Ehescheidung ist ja gar nicht so einfach zu bekommen ... Denken Sie doch mal nach, ob das nicht einen Hinweis gibt.» Es gehört zur Strategie der Verbrecher, nichts zuzugeben, die Fälle als einfache Vermißtenanzeigen zu behandeln, auf andere bürokratische Ebenen zu verweisen; das Militär etwa weist auf die Polizei hin, aber die weiß auch nichts und schickt den Suchenden zu einer anderen Militäreinheit zurück.

Die Opfer sprechen meistens von den Verbrechern als «sie». Eine Freundin erzählte mir, daß frühmorgens um 2 Uhr 30 etwa fünf Männer in Zivil in ihr Apartment kamen, als erstes verbanden sie ihr die Augen, dann durchwühlten sie alles. Sie fuhr aus dem Schlaf hoch, es ging so schnell, daß sie nicht einmal die Zahl der Geheimpolizisten angeben konnte. «Sie» haben ihn geholt, sagen die Leute, das Subjekt des Verbrechens ist «sie», die anonyme Macht, die Polizei oder Militär heißen kann, Uniform oder Zivil tragen kann, das spielt gar keine Rolle mehr. Ist das Verschwindenmachen angeordnet, steckt ein Plan dahinter, weiß die Führung, was da oft durch untergeordnete Polizeiorgane geschieht? Der Terror des Staates ist schwer rechtlich greifbar. Während der letzten acht Jahre wurden in Uruguay auf je fünfzig Personen eine zum Verhör abgeholt, normalerweise ohne Haftbefehl oder belastende Aussagen, öfter für längere Zeit. Die Arbeit der vielen Menschenrechtskommissionen besteht gerade darin, den Verbrecher, der seinerseits laut ruft «haltet den Dieb» und auf kriminelle oder politische Terroristen weist, zu entlarven.

«Erinnere dich, denk doch an unsere Erfahrungen im Widerstand: wenn es einem gelingt, im Untergrund zu überleben, so bedeutet das nichts anderes, als daß einem das Leben gelingt. Man tut so, als wüßte man nicht, daß der Tod eine unmittelbare Realität ist, man entscheidet sich für das Leben, selbst wenn das letzten Endes den Tod bedeutet. Und darin liegt der Unterschied. Das Glück: wir haben es gekannt, wir haben es erlebt, es war überall anwesend, in allen Schlupfwinkeln und Verstecken, bei den Frauen, Männern und Kindern, überall wo lebendiger Widerstand geleistet wurde.»

Carmen Castillo, Santiago de Chile, Reinbek 1981

Die Handlungsabläufe beim Verschwinden folgen mit Variationen etwa folgendem Schema: Die Entführer, meist in Zivil, ergreifen ihre Opfer zu Hause, auf der Straße oder am Arbeitsplatz. Sie sind gut organisiert, bewaffnet und diszipliniert. Die Opfer werden gefangengenommen und verhört; Folter ist dabei die Regel, nicht die Ausnahme. Immer häufiger werden Methoden angewandt, die keine Spuren hinterlassen. Don Jaime Schmirgelt von der Asamblea Permanente für die Menschenrechte berichtet, daß nicht eine einzige Person nicht gefoltert wurde; die Armee, die Marine, die Luftwaffe und die Polizeistationen haben ihre Methoden verfeinert. Es ist, wie ein NATO-General bemerkte, eine Kombination aus dem, was die französische OAS in Algerien tat und die CIA in Vietnam. Man nimmt den Gefangenen zum Beispiel die Kleider weg und stellt sie im

Winter fünfzehn Minuten unter eine kalte Dusche. Danach müssen sie sich auf den Zementfußboden legen und werden geschlagen. Blutergüsse, also Spuren, treten bei dieser Methode nicht auf. Die Gefangenen bekommen zwanzig bis hundert Schläge auf die Fersen. Viele sind unter dem Folterprozeß gestorben.

Reguläre Militär- oder Polizeieinheiten greifen nicht ein, wenn zum Beispiel ein Verschwindender um Hilfe ruft. In einigen Fällen gibt die Regierung den Sicherheitskräften die unbegrenzte und unkontrollierte Macht, die Opfer festzunehmen, zu verhören, einzusperren und zu töten. In anderen Fällen ist diese Billigung von seiten der Behörden schweigend gegeben.

Generell läßt sich sagen, daß die Regierungsorgane jede Mitwisserschaft leugnen. Die normalen Rechtswege sind unmöglich, es bleibt unbekannt, ob die Entführten getötet wurden oder unbegrenzt eingesperrt. In diesem Sinne sind Tausende von Menschen wie vom Erdboden verschluckt; wir wissen nichts über ihr Schicksal.

Herr Cox vom *Buenos Aires Herald*, einer Zeitung, die seit Jahren mit Mut und beharrlicher Genauigkeit über die Verletzungen der Menschenrechte berichtet, erzählte mir im September vorigen Jahres, daß wieder zwei Menschen verschwunden waren. Zu eben dieser Zeit besuchte die interamerikanische Kommission für die Menschenrechte (CIDH), die der OAS angehört, zum erstenmal Argentinien, um sich an Ort und Stelle über Verschwundene und Ermordete, Gefängnisse und Konzentrationslager, Folterzentren und Polizeiterror zu erkundigen. Daß die Kommission kam, stellt ein Stück Widerstand dar: zum erstenmal war die argentinische Presse (nicht nur der englischsprachige *Herald*) täglich ausführlich mit dem Thema der Menschenrechte beschäftigt. Aber die Meldung, die Herr Cox gehört hatte, war keine Meldung: die Angehörigen hatten ihn verpflichtet, die Namen der beiden Verschwundenen nicht zu nennen. Das bedeutet praktisch: diese Meldung ist eine Nicht-Nachricht, diese Personen sind Unpersonen. Eine Zeitung, eine Menschenrechtskommission oder ein Rechtsanwalt können nichts damit anfangen, der Terror macht nicht nur Menschen verschwinden, er löscht auch ihre Namen, ihr Personensein, ihre juristische Identität aus. Wer an sie denkt, muß verrückt sein und sollte auch verschwinden. Genau das ist gewollt, das Verschwinden von Namenlosen, die keiner kennt.

Das ist eine Nicht-Nachricht über Unpersonen aus dem argentinischen Alltag. Zwei Tage später veröffentlicht der *Herald* auf der ersten Seite das Verschwinden einer ganzen Familie mit drei kleinen Töchtern, sozusagen unter den Augen der internationalen Kommission.

Die Opfer

Wer sind die Opfer des Verbrechens? Sie kommen aus allen Schichten der Gesellschaft: Professoren und Studenten, Arbeiterführer und Gewerkschafter. Manche von ihnen haben niemals irgendeine politische oder ideologische Verbindung gehabt. Andere stehen in irgendeiner Beziehung zu bereits Verschwundenen. Zum Beispiel wurden in Argentinien im Dezember 1977 zwei französische Nonnen von der Sicherheitspolizei verschleppt, bloß weil sie an einem Treffen der Angehörigen der Verschwundenen teilgenommen hatten. Manche verschwinden auch wegen einer persönlichen Laune der Entführer. Manche sind einfach irrtümlich festgenommen, werden durchgefoltert und unter Umständen wieder entlassen.

Ein Priester der Dritten Welt arbeitet in einem Elendsviertel, einer *villa miserias*. Ich fragte ihn, wer in seinem Umkreis verschwunden sei. Ihm war in dem etwa von 5000 Menschen bewohnten Gebiet des Slums nur ein Fall bekannt, aber, fuhr er fort, alle, die hierherkamen und uns geholfen haben, Rechtsanwälte, Lehrerinnen, Sozialarbeiter, Hausfrauen und Studenten, Krankenschwestern und Ärzte – von ihnen ist niemand mehr da. «Exiliert, geflohen, ermordet, verschwunden oder so in Angst versetzt, daß sie sich nicht mehr blicken lassen, ich weiß es nicht.»

Eine junge Lehrerin arbeitete in einer *villa miserias* und bekam Schulmaterial geschenkt, Hefte, Bleistifte, Bücher. Manchmal fand sie eingelegt in ein Heft einen Geldschein, den sie für weiteres Material für die Kinder verwandte. Sie wurde abgeholt und mit der Begründung, die Schule sei von den Monteneros unterstützt worden, zu acht Jahren Gefängnis verurteilt. Eine solche reguläre Verurteilung ist allerdings sehr selten; normal ist, daß man von dem Verschwundenen nichts mehr hört. «Wir hatten Freunde», erzählt mir eine Dame, «ordentliche Leute, zur evangelischen Gemeinde gehörend, sie hatten drei Töchter. Die beiden älteren Mädchen arbeiteten in einem Elendsviertel, sie waren sehr idealistisch, wissen Sie, siebzehn und achtzehn Jahre alt. Sie schlossen sich einer dieser Gruppen an, Sie wissen schon. Eines Nachts gegen drei Uhr kommt die Geheimpolizei, beide abzuholen. Die Ältere schreit, sie will nicht gefoltert werden, nimmt eine Tablette und begeht Selbstmord. Die Jüngere wird mitgenommen, sie ist seitdem verschwunden, die Kleine lebt noch.»

Ob es politische Aktivisten, Dissidenten, Gewerkschaftsmitglieder oder einfach Bürger sind, die noch human empfinden und das Verschwinden ihrer Nachbarn nicht einfach mitansehen wollen, vom Staat werden sie zu Staatsfeinden erklärt. Subversiv ist jeder, der noch selber denkt und fühlt. Werke von Freud oder Marx zu lesen ist gefährlich, ein Fotokopiergerät zu besitzen ist fast, als hätte man Sprengstoff im Haus. Ein General nannte unter den subversiven Institutionen neben dem «Marxismo–Leninismo–Judaismo» auch die Religion. Die geistige Unterdrückung ist eine andere Art, verschwinden zu machen, sie bereitet das reale Verschwinden der zu Staatsfeinden simpel erklärten Menschen vor.

Die argentinische Regierung versucht, der Öffentlichkeit im In- und Ausland Sand in die Augen zu streuen. Das geschieht zur Zeit mit drei Mitteln, die anfangs noch nicht aufeinander abgestimmt waren: mit Propaganda, mit neuer Gesetzesbildung und dem verschärften Terror des Schweigens. Wohlmeinende Bürger, dazu sind auch Angehörige der deutschen Botschaft zu zählen, glauben in der Tat, es sei alles etwas besser geworden. Aber in Wirklichkeit tritt die Unterdrückung nur in ein anderes Stadium, in dem sie sich mit Werbefachleuten, Philosophen und Juristen umgibt, die sich vor die Kidnapper und Folterspezialisten stellen.

Alle Busse und viele Schaufenster sind beklebt mit einem freundlichen weiß-blauen Aufkleber: *«Los Argentinos somes dereches y humanos»* – «Wir Argentinier sind rechtschaffen und menschlich». Diese Aufkleber erschienen zugleich mit der Menschenrechtskommission. Das war sehr geschickt. Propagiert wird, daß da irgendwelche Ausländer kommen und behaupten, die Argentinier seien nicht rechtlich gesonnen und nicht menschlich. In Wirklichkeit «lieben wir doch den Fußball und haben nun endlich Ordnung in unserem Land geschaffen».

Ein anderes Element der Propaganda hat mit «Geopolitik» zu tun: Es soll ein Bewußtsein des nationalen Territoriums erzeugt werden. Mitten auf der Hauptstraße in Buenos Aires kann man Grenzpfähle nachgebildet sehen. «Marschieren wir zu den Grenzen» steht darauf. Man spricht gern über die Grenzgebiete, in denen natürlich Soldaten sein müssen; Schulklassen sammeln für die armen Grenzbewohner; es werden Siedlungspläne für Argentinien in den Grenzgebieten aufgestellt, sie sollen «argentinisiert» werden. Militär und Polizei, die zu unterscheiden für den Bürger immer unmöglicher wird, sind nicht nur für den Grenzfall da, sie stellen nicht eine Notregelung dar, sondern sie sind es, die das Gemeinwesen repräsentieren. Feinde, wenn nicht sichtbar vorhanden, müssen gemacht werden: die Chilenen bedrohen die Argentinier. Geopolitik ist eine Vorbereitung auf die Ideologie der nationalen Sicherheit, der alles unterzuordnen ist. «Wir leben unter einer neuen Religion des Staates», sagte mir ein Theologiestudent.

Alle Professoren und Assistenten der Universität müssen jede Woche zwei Stunden lang geschult werden, von Militärs, die ihnen Geopolitik beibringen. In den Schulen ist jede Art von kritischem Denken unerwünscht. Autoren, die dies fördern könnten, sind ersetzt worden. Für die Sekundarstufe I ist ein neues Pflichtfach eingeführt worden, das unter dem Titel *formacion moral y civica*, die Schüler an die herrschende Staatslehre anpaßt. Die Verfassung wird dort Wort für Wort gelesen, gelegentlich unter schallendem Gelächter der Jugendlichen. Die Staatsreligion vermischt sich mit thomistischen Resten. Der Unterricht hat zwar offiziell nichts mit Religion zu tun, «Gott» wird aber als ein Teil der natürlichen

Ordnung angesehen; wer an diesem Wesen zweifelt, ist auf dem Weg zur Subversion.

Während der perronistischen Ära gab es Lernmaterialien, die nach den Methoden Paolo Freires aufgebaut waren. Die Schüler, oft Erwachsene, lernten Milch buchstabieren und schreiben, indem sie über die Herkunft, den gesundheitlichen Wert, die Verteilung, den Preis und über das Fehlen von Milch diskutierten. Eine junge Lehrerin, die früher mit diesen Materialien gearbeitet hatte, brachte sie vor kurzem zu Bekannten von mir; sie könne das doch nicht mehr gebrauchen, und es schien ihr zu gefährlich, das subversive Material in der eigenen Wohnung zu haben.

Todeserklärung durch Gesetz

Das andere Mittel der inneren Repression ist neue Gesetzesbildung. Am 12. September 1979 trat ein Gesetz in Kraft, das es einem Richter erlaubt, einen Verschwundenen nach einem Jahr für tot zu erklären; der Antrag darauf kann von den Angehörigen oder vom Staat ausgehen. Dieses Gesetz ist rückwirkend gültig vom Jahre 1974 an. Wird nach einer Frist von neunzig Tagen kein Einspruch laut, so gilt der Verschwundene von nun an als tot. Wir diskutierten über die Vor- und Nachteile des Gesetzes mit einem Journalisten des *Herald*. Er berichtete von einer Frau, deren Mann seit drei Jahren verschwunden ist. Nach argentinischem Recht dürfen Kinder das Land nicht ohne schriftliche Einwilligung des Vaters verlassen, sie können nicht einmal zu einem Ferienbesuch über den Fluß nach Uruguay fahren. Die junge Frau sagte, sie werde weiter nach ihrem Mann suchen, aber das Gesetz gäbe ihr und ihren Kindern mehr Bewegungsfreiheit. Die Junta hat sich außerordentlich widersprüchlich zu dem Gesetz geäußert. Einmal hieß es, die Menschenrechtsgruppen hätten ein derartiges Gesetz verlangt. Alle drei Gruppen legten schärfsten Widerspruch ein. Noch vor ein paar Tagen versicherte ein Regierungssprecher der interamerikanischen Kommission, es sei gar nicht daran gedacht, ein solches Gesetz zu verabschieden. Es ist klar, daß das Verschwinden von vielen Tausenden juristische, vermögens- und versorgungsrechtliche Probleme aufwirft. Die Polizei hat in vielen Fällen nicht nur Häuser geplündert, sondern sie auch an andere Personen überschrieben. Auch diese Verletzungen wurden der Regierung angezeigt. Aber es ist naiv anzunehmen, das Gesetz solle den Menschen in ihren Schwierigkeiten helfen. Das politische Interesse der Junta an diesem Gesetz ist ein anderes: die Verschwundenen sollen endlich vom Tisch. Die Vergangenheit soll begraben werden, per Gesetz. Die Zukunft soll ohne Verschwundene, jetzt, nach dem langen, schmutzigen Krieg gegen die Subversion vorbereitet werden. Juristisch gesehen ist der springende Punkt die Macht des Richters; nicht nur die Angehörigen, sondern auch die Staatsmacht in Gestalt des Richters kann die Toterklärung verlangen.

Das ist einmalig in der Geschichte der Rechtsprechung, und in der Tat eine neue Art von Endlösung. Cardinal Arns von São Paulo nannte das Gesetz eines, «bei dem die Richter zu Komplicen und Erfüllungsgehilfen der Mörder werden».

Stummer Widerstand

Neben solchen legalistischen Mitteln wächst der sich verschärfende Terror des Verschweigens, der die Angehörigen von Verschwundenen betrifft. Schon das Verschwinden selber ist eine psychologische Folter für die Angehörigen. Sie haben keine Gewißheit des Todes und müssen die Trauer ständig verschieben. Sie wissen, daß ihre Angehörigen gefoltert werden, sie hören die grauenvollen Details, wie das, daß manchen die Augen ausgerissen werden – ohne zu wissen, was der ihnen nahestehende Mensch wirklich erduldet. Hoffnung und Ungewißheit zusammen werden zu einem Folterinstrument.

Eine Mutter in Chile erzählte mir von ihrem Sohn, der 1974 sechsundzwanzig Jahre alt war. Er war ein respektierter Lehrer an der Universität, ein Sprecher für die Studenten. Als er nach dem Putsch gefeuert wurde, versuchten viele, sich für ihn einzusetzen. Seine Mutter hat Grund anzunehmen, daß er tot ist. Sie hatte erfahren, daß sie ihm Kleidung und Essen bringen sollte, wurde aber nicht ins Gefängnis gelassen. Acht Monate nach seiner Verhaftung wurde er von einem Kameraden in *tejas verde* – einem berüchtigten Folterlager – gesehen. Der Lagerkommandant, nach ihm befragt, gab die Antwort, «wenn solche Schweine hier sind, dann hat das seinen Grund». Letztes Jahr ist ein Schwager der Mutter, der sehr gute Beziehungen zur Junta hat, und an elektronischen Geräten, wahrscheinlich Folterwerkzeugen, arbeitet, vorstellig geworden. «Er ist tot», sagte er ihr, «und es sind mehr als tausend. Hör auf zu suchen, es hat keinen Zweck.» Diese Mutter weint nicht, sie ist stolz: «Er war und blieb hart, er hat nicht gesprochen, keine Namen preisgegeben. Keiner seiner Freunde wurde verschleppt.» Ich frage sie nach ihrer persönlichen Motivation für den Streik. Sie sagt, sie will es wissen. Sie sollen offen sagen, daß alle, die nach 1974 verschwunden sind, ermordet wurden und die meisten, die 1975 verschwunden sind, ebenfalls.

Die Hoffnung derer, die eine gewisse Bildung oder Auslandskontakte haben, ist selbstverständlich größer. Ländliche Familien, Arme und Analphabeten können nicht die gleichen Schritte unternehmen, wenn ihre Verwandten verschwinden. Oft sagen sie überhaupt nichts, oder sie vertrauen sich dem Ortspfarrer an, oder sie versuchen es bei Militärs, die sie kennen. Die Menschenrechtsorganisationen, auch Amnesty International, hören nichts von solchen Fällen. Sie gehen zu Recht davon aus, daß auf einen bekannten Fall drei bis fünf, über die niemand etwas weiß, kommen. Es gehört viel Mut dazu, sich nicht vom Terror einschüchtern zu lassen. Die Schlange derer, die ihre Bittschrift an die Menschenrechtskommission in Buenos Aires abgeben wollten, war eine Demonstration dieses Muts; tagelang standen die Menschen in Fünferreihen an, vier Blocks lang ging der Zug der Angehörigen – eine bewegende Lebendig-Erklärung, zum Trotz. Die Geheimpolizei fotografierte, es gab Passanten, die sie anpöbelten, geheime Agenten provozierten sie. Aber sie erfuhren auch Anteilnahme und wurden von Leuten angesprochen, die wissen wollen, was vor sich geht.

Terror des Schweigens

Die Mutter einer Freundin erzählte mir, daß sie von einer nordamerikanischen Gruppe aufgefordert wurde, Gefangene in dem berüchtigten Gefängnis in Villa Devoto zu besuchen. Sie war bereit dazu, aber ihre Tochter setzte sie unter Druck. «Du hast sieben Enkelkinder hier im Land.» – «Ich habe es nicht getan», sagte sie zweifelnd. «War das falsch?» Geschichten vom Widerstand, vom unterlassenen Widerstand und vom Zerbrochenwerden. Aus diesen Gründen schwanken die Zahlen der Verschwundenen zum Beispiel in Argentinien zwischen 15 000 und 30 000.

Alle Angehörigen werden bedroht. «Unternehmen Sie nichts, falls Sie Ihren Mann wiedersehen wollen.» Dieser Terror des Schweigens ist eine wichtige Strategie der Staatsterroristen. Auch die Verschwundenen werden ihm ausgesetzt; manche rufen zu Hause an und sagen: «Bitte, keine Nachfragen, es geht mir den Umständen entsprechend gut, sprecht zu niemandem.» Was soll man in einer solchen Situation tun? Auch von den wenigen, die wieder auftauchen, sind viele nicht bereit zu erzählen, in welchen Lagern sie festgehalten wurden. Sie ziehen es vor, über erlittene Folter zu schweigen.

Ein ungarischer Pastor kannte einen Colonel bei der Polizei. Als zwei Freunde von ihm verschwanden, bat er den Offizier, sie ausfindig zu machen. Es gelang, den Gefangenen wurde mitgeteilt, sie hätten das Land zu verlassen. Einer der beiden, ein Jesuit, fand sich in einem Sumpfgebiet in der Nähe des La Plata wieder. Er nimmt an, daß sie ihn besinnungslos gespritzt und dann aus einem Hubschrauber geworfen haben. Er rief seinen ungarischen Freund an, bekam einen Paß und verließ das Land. Über die erlittene Folter wollte er nicht sprechen.

In ihrem Jahresbericht von 1976 stellte die Menschenrechtskommission der Organisation Amerikanischer Staaten fest: «Der Status des ‹Verschwundenen› scheint ein bequemes Mittel zu sein, um die Anwendungen derjenigen gesetzlichen Bestimmungen zu vermeiden, die eingeführt wurden zur Verteidigung der Freiheit der Person, der körperlichen Unversehrtheit, der Menschenwürde und des menschlichen Lebens selbst.»

«Sie müssen sterben, damit das Land am Leben bleibt»

Welche Erklärungen gibt es für eine solche dauernd massenhaft zynisch betriebene Verletzung der Menschenrechte? Die Terrorregierungen haben verschiedene Taktiken entwickelt. Zunächst wird alles abgeleugnet. Wenn der internationale Druck zunimmt, so werden von seiten der Regierung Einzelfälle zugegeben, wo übereifrige Offiziere sich zu Exzessen haben hinreißen lassen. Nicht alle Sicherheitskräfte, heißt es dann bedauernd, seien unter vollständiger Kontrolle. Trotz dieser Einsichten ist noch niemals ein Sicherheitsoffizier für einen Exzeß wie das zu Tode Foltern bestraft worden.

Es gibt aber noch weit zynischere Methoden, mit dem Verschwinden fertig zu werden. In Chile haben eine Reihe von Angehörigen der Verschwundenen seit Mai 1979 Briefe mit Todesdrohungen erhalten. Eine Frau, deren Mann im August 1976 verschwunden ist, bekam mit der Post folgenden Zettel: «Es ist zwecklos zu versuchen herauszufinden, wo Dein Mann ist; wir töteten ihn im April 1977 und warfen seinen Körper zusammen mit vielen anderen ins Meer. Wir töteten ihn, weil er ein Kommunist war und ein Vaterlandsverräter. Auch Du bist so gut wie tot.»

Die Unterschrift unter diesen Briefen, sagt Comando Carevic, sei «Auge um Auge». Carevic war ein Armeeleutnant, der letzten April durch eine Bombenexplosion ums Leben kam. General Videla hat schon fünf Monate vor seiner Präsidentschaft erklärt: «Es werden so viele Leute in Argentinien sterben, wie es nötig ist, um die Ordnung wiederherzustellen.»

Die offizielle Legitimierung des Terrors von seiten der Regierung wird in der Behauptung vom «schmutzigen Krieg» gegen die Subversion, gegen die extreme Linke, gegen die Terroristen gesucht. In einer argentinischen Zeitung sah ich eine regimefreundliche Anzeige gegen den Terror von links, der von dreihundert Angehörigen von Opfern unterzeichnet war. Es wurde hervorgehoben, wie vor der Machtergreifung der Militärs niemand auf der Straße sicher sein konnte vor Bomben und Explosionen. Nach den höchsten Schätzungen hat der Terror dieser Gruppe etwa tausend Menschen das Leben gekostet; vor allem Prominente waren gefährdet: Wirtschaftsführer, Polizeichefs, Militärs und Politiker. Die jetzige Regierung stellt bedauernd fest, daß dieser Terror sie eben auch dazu gezwungen habe, schmutzige Mittel zu benutzen. Jetzt aber, so wird auch in der Anzeige hervorgehoben, sei endlich Frieden und Ordnung wiedereingekehrt.

Diese Erklärung der Lage reicht aber nicht aus. Sie ist widersprüchlich, weil nach dieser Vergeltungslogik der Terror des Staates ja schon lange aufgehört haben müßte. Wenn es stimmt, daß in der letzten Zeit der Schweigeterror noch zugenommen hat, weil Propaganda und Gesetze allein nicht genug Repression herstellen, so müssen andere Erklärungen für den Terror des Staates und die fortgesetzte systematische Tortur herangezogen werden. Hinter diesem Terror stehen wirtschaftliche Notwendigkeiten, nicht nur die Exzesse einiger verrückt gewordener Sadisten. Folter und Verschwinden haben auch ökonomische Ursachen.

Seit dem Coup sind die Löhne in Argentinien praktisch mindestens um die Hälfte gesunken. Sowohl die Gewerkschaften wie auch der nationale Interessenverband der Industrieunternehmer wurden aufgelöst; als isolierte, lokalisierte Gruppen sind die Gewerkschaften praktisch entmachtet. Nach der Meinung des Wirtschaftsministers Martin de Hoz arbeitet die nationale Industrie nicht effizient genug. Er plant eine verstärkte ökonomische Konzentration und Monopolisierung der Industrie; die multinationalen Konzerne sollen in der Kredit- und Investmentpolitik bevorzugt werden, im Finanzwesen soll die Abhängigkeit von der Weltbank und dem International Monetary Fund (IMF), dessen Entscheidungsgremien von den USA beherrscht werden, größer werden. Die Leute arbeiten einfach nicht hart genug, sagt er, und müssen daher dem internationalen Wettbewerb ausgesetzt werden, um sich an ihn anzugleichen.

Diese Wirtschaftspolitik ist sinnlich im Alltag wahrnehmbar. Überall in den Läden sieht man Reklame mit der einzigen verbleibenden Qualitätsdefinition: IMPORT. Alle Importbeschränkungen sind weggefallen, um die nationale Industrie wettbewerbsfähig zu machen. Nach Meinung der Wirtschaftsführer, die sich auf Milton Friedman, Chicago, berufen, gibt es keinen ausreichenden inneren Markt. Die Liberalisierung der Importe führt praktisch zur Zerschlagung des industriellen Sektors. Ein Gewerkschaftsführer sprach davon, daß vier Generationen der Arbeit der Mittelklasse zerstört werden. Wenn die kleineren Firmen zusammenbrechen, springen die multinationalen Konzerne ein und kaufen die bankrotten Firmen auf. Für all diese Manöver ist die Zerschlagung der organisierten Arbeiterschaft notwendig. Die argentinischen Arbeiter haben im Peronismus bessere Zeiten kennengelernt, sie lehnen Militärdiktatur und ländliche Großgrundbesitzer ab, aber auch die Kräfte, die mit dem ausländischen Kapital paktieren, wurden seit nunmehr dreiundzwanzig Jahren aktiv mit Streiks, Sabotage und Aufständen bekämpft. Es hat in Argentinien in den letzten Jahren immer wieder wilde Streiks, Langsamarbeit, Arbeitsniederlegungen gegeben. Anfang Juni legte ein Eisenbahnerstreik das ganze Verkehrssystem um Buenos Aires lahm. Es gibt Widerstand, daher muß es Terror geben. Schon um die Löhne von seit Generationen organisierten Arbeitern zu halbieren, braucht man Terror. Nach den Plänen des Wirtschaftsministers soll Argentinien die Rolle spielen, die in der von der trilateralen Kommission erarbeiteten internationalen Arbeitsteilung vorgesehen ist. Es soll eine Agrarproduktion entwickeln, die fortgeschritten genug ist, um an das internationale Agrobusiness angeschlossen zu werden.

Auf dem Hintergrund dieses Wirtschaftsplans, der die lokale Industrie vom Tisch wischt und die Geschichte des Landes um fünfzig Jahre zurückwirft, ist die gegenwärtige Repression zu sehen. Das Denkverbot und die Verfolgung von Psychiatern und Rechtsanwälten, die sich widersetzen, sind nicht der einzige Ausdruck der Verhöhnung der Menschenrechte. Eine organisierte Arbeiterklasse kann nicht geduldet werden: die mittlere Führungsschicht der Arbeiterbewegung ist liquidiert worden. Man hat (anders als in Chile) einige Bosse der Gewerkschaften und linken Parteien geschont, um auf der Ebene darunter um so kräftiger zuzuschlagen.

«Sie müssen sterben, damit das Land am Leben bleibt» ist die Devise der Mörder. Ihr Ziel ist es, die Aktivisten zu ermorden, damit so auch die Erinnerung an den Widerstand, die historischen Erfahrungen von Freiheitsbewegungen beseitigt werden.

Die Folterer

Jeder, der sich mit dem massenhaften Verschwinden von Menschen und der systematischen Tortur beschäftigt, wird immer wieder an Grenzen des Denkens und Empfindens kommen. Wie kann es sein, daß Menschen so etwas tun? Eine Freundin von mir hat, während sie in Argentinien verhört wurde, ihre Quäler angeschrien: «Seid ihr auch Christen?» Die Männer hatten ihren Spaß mit der jungen Frau, die mit verbundenen Augen vor ihnen stand. Einer öffnete sein Hemd, ergriff ihre Hand und legte sie auf seine Brust. «Da, fühl doch», schrie er. Es war ein Hakenkreuz, das er um den Hals trug. Ein anderer sagte, so schlimm seien sie nicht, und ließ sie ein Kreuz fühlen. Die Symbole waren austauschbar geworden.

Es gibt ein grauenvolles Zeugnis, das etwas über die Psychologie derer, die nationale Sicherheit für den zentralen politischen Begriff halten, verrät. Das ist der Brief, den der brasilianische Polizeikommissar von São Paulo, Sergio Fleury, im November 1977 geschrieben hat. Eine französische Gruppe von Christen für die Abschaffung der Folter hatte an 21 namentlich bekannte Folterer einen Brief geschrieben, in dem Sätze stehen wie: «Ihr erlernt regelrecht den Sadismus ... Ihr seid Werkzeuge in den Händen derer, die um jeden Preis eine außerordentlich ungerechte Gesellschaftsordnung aufrechterhalten wollen ... Ihr richtet Euch selber zugrunde, Ihr richtet den Gefolterten zugrunde und auch das Land, das Ihr verteidigen wollt ... Diese scheußlichen Praktiken könnten sich eines Tages gegen Eure eigene Person kehren ... Hört noch heute auf!»

In seiner langen Antwort geht der Folterspezialist nicht auf die Frage der Folter ein; in einer Art Tierfabel von einem Adler, der nur Hühnereier ausbrütet, stellt er seine politische Ideologie der der Briefschreiber gegenüber, die immer noch christlich, sozialistisch und demokratisch denken.

«Der Adler hoffte immer noch, daß eines Tages unter den Scharen von kurzsichtigen und gackernden Hühnern ein kleiner Adler zum Vorschein käme, den er dann zum Gefährten hätte. Bis heute hat es der Adler nicht aufgegeben, so daß er auch weiterhin Hühnchen heranzieht und sie mit seinen mächtigen Flügeln schützt und verteidigt (denn das ist der Adler Auftrag). Wer nicht Adler werden will, sondern sich vor dem Adler fürchtet, lebt in der Herde und wird in der Herde verschlungen.»

Das Bild aus dem Tierreich dient dazu, Macht und Stärke unverhüllt zu glorifizieren, sie sind die einzigen Werte, für die zu leben sich lohnt. Fleury schreibt: «Regen Sie sich nicht ‹auf›, mein ‹kleiner Herr›, ‹kleiner Chef der Demokraten und Proletarier der ganzen Welt›, antworten Sie mir vielmehr auf die Frage: Wie nur ist es zu erklären, daß es Ihnen nie möglich gewesen ist, an die Macht zu kommen, oder warum haben Sie, wenn es das eine oder andere Mal dennoch gelang, sie wieder an andere Herren abgetreten?» Die Macht, die Folter braucht, um jede Subversion zu ersticken, ist in sich selbst gerechtfertigt. Ich will hier nicht auf die Blindheit eingehen, die darin besteht, daß auch dieser machtberauschte Faschist nicht ahnt, im Dienste welcher größeren Machtkonzentration er funktioniert. Die Welt ist für ihn ein Kampf zwischen Adlern und Hühnchen, und er glaubt, seine Wahl getroffen zu haben.

Der Brief der jungen Christen endete mit dem Satz: «Es ist uns vollauf bewußt – so möchten wir Euch schließlich noch sagen –, daß wir zur gleichen Menschenrasse gehören wie Ihr.» Der Folterer schreibt als Postskript: «Ich glaube nicht – so muß ich Ihnen gestehen –, daß wir von der gleichen Menschenrasse sind.» Wenn ich über die Verhöhnung der Menschenrechte in Lateinamerika nachdenke, bin ich versucht, dem Folterer Recht zu geben. Es scheint mir unmöglich, im Folterer einen Menschen sehen. Aber dann höre ich wieder auf die Stimmen derer, die im Widerstand leben und nicht aufgeben. Sie lassen sich nicht von Angst oder Haß beherrschen. Eines ihrer Flugblätter aus Chile trägt den Titel: «Laß nicht zu, daß man dir deine Seele austauscht.»

Fragen an uns

Man kann die einfachsten Fragen nicht oft genug stellen. Was hat das alles mit uns zu tun? Stimmt es, daß die Menschenrechte unteilbar sind? In welchem Sinn ist unterlassene Hilfeleistung eine Menschenrechtsverletzung? Ist Profitmaximierung eine, wenn andere den schmutzigen Teil der Arbeit übernehmen? Die Mutter einer Verschwundenen in Argentinien hat ein Paket erhalten, einen Schuhkarton. Darin lagen die Hände ihrer Tochter. Das Ziel von Amnesty ist, Folter international so zu ächten, daß sie «so undenkbar wie Sklaverei» wird. Das Problem ist nur, daß «Sklaverei» in ihren neuesten Formen ja gerade Folter braucht. Sklaverei, totale Abhängigkeit ist das Ziel des stummen Kriegs der Reichen gegen die Armen, in dem wir begriffen sind; Folter ist nur eine Methode, um den Widerstand gegen die wirtschaftliche Unterwerfung zu brechen.

Kraftwerksunion als «Trauzeuge»

«Brasilien und Argentinien waren stets ineinander verliebt, sie gefielen sich schon immer, und jetzt ist der Moment gekommen, um die Heirat anzukündigen. Wir haben beschlossen, daß diese Annäherung fruchtbar sein soll.» Man kann nicht abstreiten, daß der brasilianische Staatspräsident eine poetische Ader hat. Blumiger hätte das Verhältnis zwischen den beiden südamerikanischen Großstaaten wohl nur ein argentinischer Tango-Texter beschreiben können. Das Eis, das die diplomatischen, wirtschaftlichen und kulturellen Beziehungen zwischen Buenos Aires und Brasilia jahrzehntelang blockiert hatte, war geschmolzen, als General Baptista Figueiredo nach 72stündiger Visite von seinem Gastgeber, General Jorge Rafael Videla, Abschied nahm ...

Profit versprechen sich die Partner auf dem Gebiet der nuklearen Zusammenarbeit. Wieweit sie auf dem Weg zur angestrebten Selbstversorgung in Sachen Kernenergie kommen, was für Früchte diese junge Liebe tragen wird, das hängt zu einem nicht geringen Teil von der Bonner Regierung und der bundesdeutschen Kraftwerksunion ab, die nach der Unterzeichnung von umfassenden Nuklearverträgen mit Brasilien und Argentinien als unsichtbare Trauzeugen beim Treffen zwischen Videla und Figueiredo zugegen waren.

Im Jahre 1972 konnte man ein Barrel, das sind 159 Liter, Öl in der Dritten Welt für 26 Kilogramm Bananen erwerben, heute sind dafür 200 Kilogramm Bananen zu zahlen. Was werden die Landarbeiter um 2000 für ihre Produkte bekommen? Der von den Industrieländern aufgezwungene Anschluß an den Weltmarkt, die Zerstörung inländischer Binnenmärkte, findet in der gesamten Dritten Welt statt: der stumme Krieg der Reichen gegen die Armen. In vielen fruchtbaren Gegenden Lateinamerikas, wo früher Reis, Mais und Bohnen angebaut wurden, gibt es heute Plantagen, die multinationalen Konzernen gehören. Angebaut werden da: Erdbeeren und Orchideen für den Export. Während die Bevölkerung hungert, die Kinder auf Grund von Proteinmangel verblöden, die Alten eingehen, die Jungen das Land verlassen. Für wen werden Erdbeeren und Orchideen angebaut? Wer profitiert davon? Und wen stört es nicht weiter?

Die Situation in der Bundesrepublik kommt mir oft vor wie die der Amerikaner in den Anfangsjahren des Vietnam-Kriegs, als sie ihre Verbündeten, Koreaner zum Beispiel, Gefangene und Zivilisten, foltern ließen und mit dem Tonband daneben standen, um die strategisch unerläßlichen Informationen zu erhalten. Tun Wirtschaftsführer etwas anderes, wenn ihre Handelspartner in Chile und Argentinien die als subversiv erklärten Staatsfeinde verschwinden lassen?

Hierzulande ist die Verschwörung des Schweigens an der Tagesordnung, die Abwesenheit der internationalen Menschenrechtsdiskussionen in unseren Medien wird als normal angesehen. Ein WDR-Redakteur erfuhr vor kurzem, daß Kardinal Arns aus São Paulo, Brasilien, regelmäßig die Namen der Verschwundenen, die er von den nationalen Menschenrechtsgruppen in Lateinamerika hört, an die BBC gibt. Der Redakteur fragte sich, ob das nicht auch in deutschen Sendern möglich sei, dieses menschlich-politische Minimum, wenigstens die Namen von Menschen, die vielleicht gerade gefoltert oder ermordet werden, im Radio zu erwähnen. Alle Redakteure der Deutschen Welle, hierzu befragt, meinten, das nicht entscheiden zu können. Es sei politisch zu brisant. Der Leiter der Anstalt ließ sich auf eine Diskussion der Sache erst gar nicht ein.

In dem schon erwähnten Flugblatt aus dem chilenischen Untergrund, «an diejenigen, die zu resignieren drohen und deren Engagement nachläßt», heißt es: «Hier liegt für uns im Augenblick die größte Gefahr, aber auch eine große Gefahr für unsere Kinder und kommende Generationen: Der Verlust moralischen Empfindens, die gewollte oder zumindest hingenommene Begriffsverwirrung zwischen Gut und Böse. Es gibt nun einmal Dinge, die man wenigstens im Innern seiner Seele schreien muß, wenn man sie schon nicht draußen auf der Straße laut sagen darf. Sonst vergißt man sie noch. Damit du diese Dinge nicht vergißt, sondern aufwachst und wie eine Fackel aufleuchtest, wurden diese Zeilen geschrieben.»
Aber wer innerhalb der Ersten Welt der Verursacher hört solche Worte? Es scheint mir zynisch, sie als «nur moralisch» zu vergessen. Wer so redet, zerstört sich selber, läßt sich «seine Seele austauschen». Aus der Südafrikanischen Union ist bekannt, daß die weißen Jugendlichen in den *suburbs* im allgemeinen nichts oder sehr wenig von den Lebensbedingungen der gleichaltrigen Schwarzen wissen. Berichte über das Fehlen von Elektrizität und Wasser in den meisten Hütten in Soweto werden für Erfindungen gehalten. So bleibt auch die geistige, die Informations-Apartheid voll gewahrt. Und eben dies ist auch unsere medienpolitisch manipulierte Situation. Die überwältigende Mehrzahl der Bevölkerung lebt in der Apartheid, genießt eine Kultur der Apartheid, hält Apartheidwissen, Apartheidfühlen, auch Apartheidideologie für normal. Es ist sehr schwer verständlich zu machen, warum einige Leute Outspan-Apfelsinen lieber nicht essen mögen. Apartheid wird ein geistiger Zustand. Die Wirtschaftsbeziehungen zwischen der Bundesrepublik Deutschland und Chile haben in den letzten Monaten einen neuen Aufschwung erlebt. Unser Land ist weltgrößter Abnehmer chilenischer Waren, bundesdeutsche Banken unterstützen das Pinochet-Regime mit Millionenkrediten, Großunternehmen wie Krupp suchen nach neuen Investitionsmöglichkeiten in Chile, und die Bundesregierung schickt einen Wirtschafts- und Finanzfachmann als neuen Botschafter nach Santiago.

Unterstützung ganz besonderer Art findet Pinochet bei der Hanns-Seidel-Stiftung der CSU, die nach dem Freundschaftsbesuch von Franz-Josef Strauß in Chile ihre Beratertätigkeit für die Faschisten zur Schulung regimetreuer Gewerkschafter und zur Ausarbeitung der «Verfassung» aufgenommen hat.

Der chilenische Außenminister Cubillos behauptete im September 1979 bei seinem Aufenthalt in der Bundesrepublik, daß die Menschenrechte in Chile heute verwirklicht würden. In vielen Kommentaren hört man von «Verbesserungen» der Lage in Chile. Beide Aussagen sind falsch. Die politische und soziale Unterdrückung in Chile ist auch heute, mehr als sechs Jahre nach dem blutigen Putsch vom 11. September 1973, in ihrem Wesen unverändert.

Nach wie vor kommt es zu willkürlichen Verhaftungen, gibt es politische Gefangene, Folter und Mord. Fakten, die vom Solidaritätsvikariat belegt werden. Nach wie vor sind alle Parteien und politischen Aktivitäten verboten. Mit gesetzlichen Mitteln verstärkt man die Zersplitterung der Gewerkschaftsbewegung. Seit mehr als sechs Jahren bleiben die Fragen nach dem Schicksal der verschwundenen politischen Gefangenen unbeantwortet. Schlimmer noch: Polizeibeamte, denen die Ermordung einer Gruppe Verschwundener gerichtlich nachgewiesen wurde, sind nach dem sogenannten «Amnestiegesetz» freigesprochen worden.

Nie zuvor gab es in Chile – auch nach regierungsoffiziellen Angaben (13 Prozent) – eine derartig hohe Arbeitslosigkeit (real ca. 25 Prozent). Die öffentlichen Ausgaben für Gesundheit und Erziehung werden kontinuierlich verringert. Zwischen September 1978 und September 1979 sind die Lebenshaltungskosten um 48 Prozent gestiegen. Besonders hoch ist die Preissteigerungsrate bei Grundnahrungsmitteln: Kartoffeln 87,5 Prozent, Bohnen 223 Prozent. Nach Aufhebung der Preisbindung für Brot im Herbst 1977 stieg der Preis um 176 Prozent.

Der Gedanke, daß man wirtschaftliche Zusammenarbeit auf Grund von Menschenrechtsverletzungen einstellen könnte, scheint außerhalb des Horizonts westdeutscher Wirtschaftsführer zu liegen. Im September 1979 unternahmen drei SPD-Abgeordnete eine Informationsreise nach Argentinien und Uruguay. Ihre danach gegebene Presseerklärung läßt viel zu wünschen übrig. «Besonders der Terrorismus [gemeint der von links] hat beide Länder schwer erschüttert. Bei der notwendigen Bekämpfung von terroristischer Gewaltkriminalität hat es Erfolge gegeben. Die Wiedergewinnung der inneren Sicherheit ist jedoch teuer bezahlt worden. Es sind Übergriffe und Entgleisungen passiert, die auch unter Berücksichtigung schwieriger innenpolitischer Umstände elementaren rechtsstaatlichen Grundsätzen widersprechen.» Diese Ausdrucksweise (Übergriffe, Entgleisungen) entspricht der Sprache der Generale. Dahinter steht die Theorie vom schmutzigen Krieg, der leider schmutzige Methoden nötig macht.

Die Abgeordneten nehmen an, daß «die Rückkehr beider Staaten zur Demokratie möglich» erscheine. Als ich ungefähr zur gleichen Zeit mit der Mutter des 1976 verschwundenen Klaus Zieschank sprach, hatte ich nicht gerade den Eindruck, daß eine Unterredung, die sie gerade mit dem Grafen Lambsdorff gehabt hatte, sie ermutigt hätte. Es gibt nicht die geringste Andeutung wirtschaftlicher Sanktionen von seiten der Bundesrepublik, auch dann nicht, wenn deutsche Staatsangehörige unter den Verschwundenen sind. Es wird so gut wie kein Druck auf diplomatischer, publizistischer oder ökonomischer Ebene ausgeübt.

Ein Weltunrechtssystem

Westdeutschland lieferte ein Atomkraftwerk nach Argentinien und wird demnächst zwei an Brasilien liefern. Die ökonomisch ungetrübten Beziehungen, die die Bundesrepublik zu den meisten Terrorstaaten unterhält, wirken sich nicht nur in unserer Medienpolitik aus, sondern, wie ich meine, in der Psyche der einzelnen hierzulande. Apartheid als wirtschaftliche, politische und kulturelle Strategie läßt sich nicht so praktizieren, daß sie die reichen Privilegierten auf der einen Seite dieser Mauer ungekränkt ließe. So wie ein Herr nicht frei sein kann, der einen Knecht braucht, so können die Bewohner eines Landes nicht frei sein, die von der anderen angetanen Apartheid profitieren. Outspan-Apfelsinen schmecken tatsächlich nach Blut. Die Partizipation an Profit, der durch Ausbeutung und Folter aufrechterhalten wird, die unterlassene Hilfeleistung, das Totschweigen bestimmter Informationen, schlagen zurück mit der Logik des Verdrängten, das wiederkommt und sich rächt. Es gibt kein fremdes Land, sagte der sowjetische Schriftsteller Konstantin Simonow während des Vietnam-Krieges. Ich habe diesen Satz zunächst nur im Sinne der Mitleidtradition gehört. Aber er läßt sich sehr wohl auch im Sinne Freuds begreifen: das von mir nicht zur Kenntnis genommene und zum Fremden gemachte Leiden anderer wird das unerkannte eigene. Das materielle Elend der Dritten Welt schlägt psychologisch in der Ersten Welt zu Buch. Das Verschwinden anderer, dem wir zusehen und von dem wir mittelbar profitieren, macht uns selber verschwinden.

Mir ist angst vor dem Jahr 2000. Ein Weltunrechtssystem dieser Art hat Folgen für die Psyche jedes von uns. Wir haben schon jetzt die höchste Rate von Kinderselbstmorden in der Bundesrepublik, 500 pro Jahr. Wir haben ca. 80000 drogenabhängige Jugendliche. 40 Prozent unserer Studenten sind in oder suchen psychologische Behandlung. Das psychische Elend, von dem wir umgeben sind, hängt mit unserer wirtschaftlichen, politischen und geistigen Situation zusammen: wir exportieren Waffen und atomare Technologien, aber ist es nur Profit, den wir daraus machen? Schlägt der Tod, den wir exportieren, nicht zurück? Ausländische Beobachter

Wer etwas tun will ...

... kann dies am besten durch die Mitarbeit in einer Gruppe von Amnesty International verwirklichen. In fast allen Großstädten gibt es Gruppen (siehe Telefonbuch).

Regelmäßige Informationen, Hintergrundmaterial und Analysen zur Entwicklung in lateinamerikanischen Ländern bringen die *Lateinamerika-Nachrichten*. Probeheft gegen DM 3 in Briefmarken bei Lateinamerika-Nachrichten, Savignyplatz 5, 1000 Berlin 12.

Es gibt verschiedene Spendenkonten zur Unterstützung oppositioneller Gruppen und der von den scharfen Repressionsmaßnahmen Betroffenen. Die Konten konkurrieren nicht gegeneinander, sondern arbeiten solidarisch zusammen. Das Lateinamerika-Solidaritätskonto des SB unterstützt im Rahmen seiner Möglichkeiten alle politischen, gewerkschaftlichen und humanitären Organisationen in lateinamerikanischen Ländern. Von den Spendengeldern wird kein Pfennig für Verwaltungsaufgaben o. ä. verwendet. Alles Geld geht über zuverlässige Kanäle nach Lateinamerika. Spenden können überwiesen werden an Hannelore Vack, Sonderkonto Lateinamerika Nr. 1 743 996 100 bei der Bank für Gemeinwirtschaft, 6050 Offenbach.

wundern sich oft über die Eiskälte der Beziehungen der Menschen zueinander in der Bundesrepublik. Die Arbeiter und Angestellten, die wissen, wie sinnlos ihre Arbeit ist, die Männer und Frauen, die an der Leere und Austauschbarkeit ihrer Beziehungen leiden, die Kinder und Jugendlichen, die aggressiv und destruktiv gegen andere und sich selber wüten – sie sind die Innenseite der Außenpolitik, die psychischen Konsequenzen eines ökonomischen Entwurfs.

Ökonomie, Politik und Kultur stellen eine Einheit dar.

Die davon abstrahierenden innerpsychologischen Methoden zur Heilung führen nur zur Psychoabhängigkeit. Psychologie heute ist das Opium der Mittelklasse, das genau diesen Zusammenhang leugnet. Wir können mehr lernen aus dem Widerstand der unterdrückten Völker, die mit einfacher, altmodischer («moralischer») Sprache auch für uns sprechen und uns helfen, Widerstand zu organisieren.

«Erwache, Chile, laß nicht zu, daß man dir deine Seele austauscht. Dein freiheitsliebender Geist sang früher andere Lieder. Wird er eines Tages wieder Lieder von Freiheit und Gerechtigkeit singen? Achte darauf, wie man deine Kinder erzieht! Verfolge, was man ihnen beibringt! Sonst kommt es noch so weit, daß – während du schläfst – man ihnen sagt, es sei gut, seinen Bruder umzubringen, es sei gut, das zu glauben, was die offizielle Presse sagt, Wahrheit sei Lüge und Lüge sei Wahrheit» (Chilenisches Flugblatt).

Leicht veränderte Fassung eines Aufsatzes für das Heft 2 der Zeitschrift «Freiheit und Gleichheit – Streitschrift für Demokratie und Menschenrechte», 6121 Sensbachtal, Oktober 1980

Laß nicht zu, daß man dir deine Seele austauscht

Ein Appell aus dem chilenischen Untergrund an diejenigen, die zu resignieren drohen und deren Engagement nachläßt

Über vertrauenswürdige Zwischenmänner gelangte der nachfolgende Text, der seit April dieses Jahres im chilenischen Untergrund zirkuliert, nach Deutschland. Er wurde von einer sogenannten christlichen Reflexionsgruppe in Valparaiso verfaßt. Dabei handelt es sich um spontane, unorganisierte Zusammenkünfte von Laien und meist katholischen Priestern, die sich auf die Seite des Widerstands gegen die Militärdiktaturen in Lateinamerika gestellt haben.

Langsam können wir uns allesamt «Gute Nacht» sagen. Was uns noch vor einiger Zeit in Bann schlug oder empörte, läßt uns heute unberührt und passiv.

Hier liegt für uns im Augenblick die größte Gefahr, aber auch eine große Gefahr für unsere Kinder und kommende Generationen: Der Verlust moralischen Empfindens, die gewollte oder zumindest hingenommene Begriffsverwirrung zwischen Gut und Böse. Es gibt nun einmal Dinge, die man wenigstens im Innern seiner Seele schreien muß, wenn man sie schon nicht draußen auf der Straße laut sagen darf. Sonst vergißt man sie noch. Damit du diese Dinge nicht vergißt, sondern aufwachst und wie eine Fackel aufleuchtest, wurden diese Zeilen geschrieben.

Sie wollen keine Botschaft des Kriegs, sondern des Friedens, nicht der Schwäche, sondern der Stärke sein.

Als Verlust moralischen Empfindens betrachten wir, daß wir es als normal hinnehmen, wenn Hunderttausende unserer Landsleute in der Verbannung leben müssen, nur weil sie anders denken als die Machthaber oder weil ihr Vaterland ihnen nicht zu essen gibt. Diese Männer und Frauen und diese Kinder, die mittlerweile in den Ländern, welche sie aufgenommen haben, andere Sprachen sprechen, gehören dennoch zu uns, sind unser Blut und unser Geist. Mit welchem Recht haben wir sie aufgegeben? Wer hat den Befehl gegeben, Chile zu teilen und über die ganze Welt zu zerstreuen?

Wir fordern das Mindestrecht: daß alle Chilenen in ihrem Land leben dürfen.

Weiterhin ist es eine unglaubliche Immoralität, daß Hunderte von unseren Landsleuten spurlos verschwunden sind. Zwar will man uns vormachen, alles sei schon aufgeklärt, in Wirklichkeit ist aber noch nichts aufgeklärt worden. Da stehen noch immer Mütter und Frauen mit

Augen, die von all dem Weinen um die Ihren ausgetrocknet sind, mit Füßen, die von all dem Suchen müde geworden sind, und dennoch sind sie unbeugsam in ihrem Willen, nach Gerechtigkeit zu verlangen.

Jedoch: Wie steht es mit uns? Wie kommt es eigentlich, daß wir mir nichts dir nichts unserem täglichen Leben nachgehen und so viel Scheußlichkeit glatt vergessen?

Erwache, Chile, freilich nicht um dich zu rächen oder zu morden. Erwache, damit man dich bereit findet, das zu fordern, was dir gehört! Erwache, damit man dir nicht die Seele, Würde und Freude stiehlt. Wer jetzt die Unverfrorenheit besitzt zu sagen, die Wirtschaft sei auf dem Wege der Besserung, obgleich unzählige Menschen grausame Armut zu erleiden haben, ist entweder unmoralisch oder spottet. Was wir gegenwärtig erleben, saniert wirklich nicht unsere Wirtschaft.

Es ist unmoralisch, ein Volk zum Schweigen zu bringen und ihm die Zukunft zu verbauen. Es ist eine Beleidigung, wenn man ihm sagt, es sei unmündig oder geistig beschränkt und andere müßten statt seiner die notwendigen Entscheidungen fällen. Haben wir uns an all diese Dinge gewöhnt? Was sagen wir denn unseren Kindern? Freiheit sei der Schnee vom vergangenen Sommer, wir hätten sie verloren und sie würden sie niemals wiederkriegen? Oder sagen wir ihnen, sie müßten sie sich zurückerobern? Mit welchem Recht aber sagen wir ihnen dann das? Wir haben uns daran gewöhnt, eine gedemütigte und untertänige Arbeiterklasse zu haben. Arbeiter dürfen sich nicht in Freiheit versammeln, dürfen nicht ihre Führer wählen, dürfen sich nicht mit der ihnen eigenen Waffe, dem Streik, verteidigen und dürfen sich nicht landesweit zusammenschließen. Aber all diese Dinge sind den Unternehmern gestattet. Sind diese etwa gut und die anderen schlecht? Die Unternehmer sind nschuldig, und die Arbeiter sind Delinquenten?

Erwache, Chile, laß nicht zu, daß man dir deine Seele austauscht. Dein freiheitsliebender Geist sang früher andere Lieder. Wird er eines Tages wieder Lieder von Freiheit und Gerechtigkeit singen? Achte darauf, wie man deine Kinder erzieht! Verfolge, was man ihnen beibringt! Sonst kommt es noch so weit, daß – während du schläfst – man ihnen sagt, es sei gut, seinen Bruder umzubringen, es sei gut, das zu glauben, was die offizielle Presse sagt, Wahrheit sei Lüge und Lüge sei Wahrheit.

Und was soll das Klima des Geheimhaltens? Was bedeutet der Geheimdienst, der sich nachts in Santiago mit Blut besudelt? Wozu die unerklärlichen Todesfälle im Ausland? Chilene, man sagt dir nicht die Wahrheit. Man wird sie dir überhaupt niemals sagen, denn in unserem Land herrscht der Vater der Lüge. Laß sie ruhig weiter lügen, nur dürfen sie deine Seele nicht anstecken.

Vor einiger Zeit rief man dich zu einer Volksbefragung. An dem Morgen holten sie die Armen in aller Frühe aus ihren Häusern. Man drohte ihnen, sie würden alles verlieren, wenn sie nicht wählten. Die Reichen tauchten in unseren Ortschaften auf und achteten darauf, daß die Armen auch alles richtig machten. Sie ließen auf durchsichtigem Papier abstimmen und sagten ihnen dennoch, die Wahl sei geheim. Abends feierten sie ihren Triumph und ihren Spott.

Chile, erwache! Unter dem Deckmantel einer «Amnestie» und unter Berufung auf «christliche Versöhnung» schicken sie sich in jüngster Zeit an, Folterungen, Entführungen und Morde seitens der Sicherheitskräfte, will sagen: ihre eigenen Verbrechen ungestraft zu lassen. Chile, halte deine Augen auf, für so viel Komplicenschaft und Heuchelei! Wenn du aufhörst zu denken, wird man dich bald wieder auslachen. Wenn du nicht tust, was du vor der Geschichte tun mußt, wenn du dich nicht wieder mit anderen zusammenschließt, um deine Zukunft wieder selbst in die Hand zu nehmen, wird man dich bald wieder auslachen.

Chile, erwache! Wenn du dann erwacht bist, wirst du deine Landschaften und Städte, deine Männer und Frauen betrachten können, wirst du dich auf den Weg machen und dazu beitragen, eine neue Nation, ein Volk von Brüdern und Schwestern zu bilden. Deine Fahne wird nur dann nicht von Blut befleckt werden, wenn sie die Farbe deines Landes im Frühling trägt. Chile, erwache, und richte dich auf!

Hühnerfutter

Hundefutter schreibt mir José aus der *villa miserias*
sei zu teuer für viele Leute in Peru
sie kaufen Hühnerfutter ihre Suppen zu dicken

Wie oft sollen wir diese Geschichten noch hören
wie oft solche Nachrichten wiederholen
an denen nichts sagen die Medienleute neu ist

Ist es genug siebenmal fragte ein Jünger Jesu
bitte verbreitet die Nachricht so lange sich nichts geändert hat
siebenmal siebzigmal sollen wir diese Geschichte erzählen

Es wird eine Zeit sein wo wir sie nicht mehr hören
es wird ein Land sein wo sie nicht mehr wahr ist
Hühnerfutter wird wieder ein lustiges Wort sein

Um schlechte Gedichte zu nennen und überkochte Spaghetti
den Redakteuren schicken wir dann Scherztelegramme
bitte verbreite die Nachricht solange du dich nicht geändert hast

Eine Geschichte aus Chile

Eine Geschichte aus Chile: Ein presbyterianischer Geistlicher aus dem Süden von Chile verteilte Lebensmittel, die er von nordamerikanischen Freunden bekommen hatte. Er wurde verhaftet und nach Santiago gebracht in das Gefängnis Los Alamas. Es lebten dort 150 Männer in einem Haus von der Größe einer Seminarbibliothek. Er übernahm die Rolle eines Hauskaplans und hielt täglich Bibelstunden und Andachten für seine Mitgefangenen, meistens Sozialisten. Er habe nie eine solche Gemeinde gehabt, sagte er. Als er entlassen wurde, schrieben die Mitgefangenen ihre Namen mit abgebrannten Streichhölzern auf seinen Rücken. Es war November und warm, er kam ohne Leibesvisitation heraus und ging zum *Peace committee*. Die meisten Namen, derer, die als verschwunden galten, waren noch zu lesen.

Die Namen tauchen auf, auf dem Rücken eines Gefangenen, mit Streichhölzern geschrieben. Die Stunde des Schweigens ist zu Ende, sagte uns Don Jaime Schmirgelt. Zum erstenmal haben sich politische Parteien in Argentinien, die peronistische und die radikale, mit der Sache der Menschenrechte identifiziert. Das sind Zeichen der Hoffnung, die von der Drohung der Folter, vom Terror des Schweigens und auch von unserem sanften Terror der Vergeßlichkeit nicht ausgelöscht werden können.

Brief an die Christen, die ihren Glauben in den «Comunidades Cristãs Populares» der armen Länder in aller Welt leben und feiern

Wir, die wir Euch diesen Brief schreiben, sind Christen, Laien, Pastoren, Priester und Bischöfe, Männer und Frauen, Schwarze und Weiße, Autochthone und Indianer. Wir kommen aus 42 verschiedenen Ländern Lateinamerikas, Asiens, Afrikas, der Karibik und aus Nordamerika. Im Namen Jesu Christi waren wir hier in São Paulo versammelt, vom 20. Februar bis zum 1. März 1980, in einem Geist großer Brüderlichkeit, um zu beten, zu studieren und über den Ruf Gottes nachzudenken, der zu uns kommt (vermittelt) durch den Schrei der Armen in aller Welt, insbesondere in Lateinamerika.

Unsere Brüder, die aus Lateinamerika, Asien, Afrika sowie den schwarzen und spanischen Minderheiten Nordamerikas gekommen sind, haben uns die Situation der Armen, der Schwarzen, der Frauen, der eingeborenen Völker geschildert. Gemeinsam sahen wir, daß die bestehende Armut in Lateinamerika und im Rest der Welt nicht das Ergebnis eines Schicksals ist, sondern die Frucht einer großen Ungerechtigkeit, die zum Himmel schreit, nicht anders als das Blut des von Kain ermordeten Abel (Gen. 4,10). Wir sahen ebenfalls, daß die Ursachen dieser Ungerechtigkeit im kapitalistischen System gesucht werden müssen, das sich wie ein neuer Turm zu Babel (Gen. 11,1–8) über die Welt erhebt und das Leben der Völker kontrolliert, einige wenige favorisiert, die sich immer mehr auf Kosten der wachsenden Armut der übrigen bereichern. Deswegen durchleben die verarmten Völker unserer Länder in ihrer eigenen Heimat ein wahres Gefängnis.

Aber wir sahen auch einen anderen Sachverhalt, der uns viel Hoffnung gibt und den wir mit Euch teilen wollen. Nämlich, daß die Macht des Lebens, das von Gott kommt, sich genau an jenen Orten manifestiert, wo das Leben unterdrückt, versklavt und gekreuzigt ist auf dem «Golgatha» der Welt. Wirklich, in allen Teilen der armen Welt und insbesondere hier in Lateinamerika wachen die Christen und Nichtchristen auf und wollen das Sklavenjoch abschütteln. Die Christen beobachten, daß sie im Namen ihres Glaubens an Jesus Christus nicht länger diese Situation hinnehmen können. Daher versammeln sie sich, um ihren Glauben an Jesus Christus zu erneuern und um so Ferment zu sein in der Masse, die ihre Freiheit sucht. Wie Abraham und Mose erheben sie sich und gehen daran, ein neues Volk in einer erneuerten Welt zu bilden, wo der Segen über das Leben, das von Gott ist, tatsächlich für alle wiedererlangt wird (Gen. 12,1–4). Sie organisieren sich und kämpfen in den Massenbewegungen, damit alle Arbeit, Brot, Wohnung, Gesundheitsfürsorge und Ausbildung haben. Das entspricht dem Willen Jesu: alle sollen Leben in Fülle haben (Joh. 10,10). Sie kämpfen für eine Situation, in der das Volk Herr der eigenen Produktion ist (Jes. 65,22); in der es in Häusern, die es selbst erbaut hat (Jes. 65,21), leben kann und die Früchte des von ihm selbst bearbeiteten Landes essen kann (Jes. 62,8–9). Es ist die Situation, in der alle in Frieden auf eigener Scholle leben können (Ps. 71,16). Sie sehnen sich nach einer Welt, in der sie alle an der Macht teilhaben und Subjekte des eigenen Schicksals sein können, um so den Schöpfer-Gott für die Gabe des Lebens zu loben. Viele gaben schon ihr Leben um dieser Sache willen. Sie konnten die Ankunft des neuen Tages nicht mehr erleben, aber sie grüßten ihn von weitem (Hebr. 11,13). Andere wurden gefangen, gefoltert und ausgewiesen. Aber alle kämpften und kämpfen weiter mit der festen Überzeugung (= Glauben), daß das Leben stärker ist als der Tod und in der Hoffnung, daß ihr vergossenes Blut die Befreiung der Brüder fördert.

Während wir all das reflektieren, was gegenwärtig in unseren Ländern passiert, glauben wir, daß Ihr, die Ihr in den Volksbewegungen mutig kämpft und Leiden ertragt, die Ihr Euren Glauben freudig in Euren Gemeinden lebt und feiert, die gute Nachricht Gottes seid, die bereits in der ganzen Welt verkündigt wird. Sie hat sich Gehör verschafft unter den Pastoren der Kirche, die in PUEBLA und OAXTEPEC vereint waren. In Puebla erkannten sie: «Nicht alle haben wir uns hinreichend auf die Armen eingelassen, nicht immer uns um sie gekümmert; auch sind wir nicht mit ihnen solidarisch gewesen» (1140). Weiter sagten sie: «Der Compromisso mit den Armen und Unterdrückten und das Auftauchen der Basisgemeinden verhalfen der Kirche dazu, das evangelisatorische Potential der Armen zu entdecken. Indessen rufen sie die Kirche fortwährend zur Umkehr; auch weil viele unter ihnen in ihrem Leben die evangelischen Werte der Solidarität, des Dienstes, der Einfachheit und der Bereitschaft die Gabe Gottes anzunehmen» (1147). In Oaxtepec bekräftigten sie: «Wir bekennen, daß unsere Indifferenz gegenüber dem Schrei der Vergessenen, Unterdrückten und Bedürftigen in unseren Ländern den Forderungen des Evangeliums widerspricht. Gemeinsam appellieren wir an die Christen Lateinamerikas, daß sie auf die Gerechtigkeitsforderung des Reiches Gottes mit radikaler und gehorsamer Jüngerschaft antworten.»

Durch Euch strahlt das Angesicht Christi von neuem über der Welt auf (2. Kor. 4,6). Ihr seid der Brief Christi, erkannt und gelesen von allen Menschen; geschrieben nicht mit Tinte, vielmehr im Geist des lebendigen Gottes, nicht auf steinerne Tafeln, sondern in den Herzen auf lebendigen Tafeln (2. Kor. 3,2–3).

Durch Euer Zeugnis evangelisiert Jesus die Armen, öffnet den Blinden die Augen, befreit die Gefangenen (Lk. 4,18–19), tritt unerschrocken den Mächten entgegen und gewinnt allen das Leben wieder. Gegenwärtig, wie zur Zeit der Gefangenschaft, ist der Gott, der Jesus vom Tode erweckte, mitten in der Geschichte auf der Seite der Armen verborgen. Er ist nicht untätig. Er befreit sein Volk mit siegreicher Kraft, die den Tod überwindet und das Leben wiederschafft (Jes. 43,18).

Wir hier Versammelten nehmen Euern Kampf als den unsrigen an und bitten den Vater, daß Ihr den notwendigen Mut und die Freude habt, um in der Mission fortzufahren, die Ihr schon realisiert: allen Menschen die gute Nachricht anzusagen, daß Gottes Reich im Kommen ist (Mk. 1,15): Blinde sehen, Lahme gehen, Kranke werden geheilt, Taube hören, Tote stehen zum Leben auf, den Armen wird das Evangelium gepredigt (Mt. 11,5) und sie selbst evangelisieren! Die Auferweckung, die von Gott kommt, verwirklicht sich bereits im gekreuzigten Leben zahlloser Brüder.

Die Zeichen dieser Auferweckung sind sichtbar an den leeren Gräbern von Tausenden der spurlos Verschwundenen, am Blut zahlloser Märtyrer in Guatemala, El Salvador, Argentinien, Chile, Paraguay, Uruguay, Haiti und an anderen Orten. Sie manifestiert sich in den Kämpfen der Armen um Land und ihre Rechte; im stillen Widerstand vieler; in der siegreichen Revolution in Granada und Nicaragua, wo das Volk seine Freiheit erkämpfte; in dem Volk und in den Gemeinden, die an diesem Kongreß nicht teilnehmen können, die aber auch für eine gerechtere und brüderlichere Welt kämpfen, zum Beispiel in Kuba und in anderen Ländern. Schließlich sind die Zeichen der Auferstehung manifest in den Armen und unterdrückten Völkern, die auf vielfältige Weise sich organisieren, um der Knechtung zu begegnen, die die Bestrebungen des Volkes immer wieder auszulöschen versucht.

Das Reich Gottes dringt mit seiner Gerechtigkeit und Wahrheit vor. Es richtet die Welt und denunziert die Mächtigen. Wie zur Zeit der Gefangenschaft müssen die Christen die Augenbinden abnehmen und die große gute Nachricht Gottes anzusehen versuchen, die gegenwärtig in der ganzen Welt durch die Armen proklamiert wird (Jes. 42,19–21). Das haben wir während der letzten Tage in Studium und Gebet reflektiert. Wir bitten Euch und uns, daß wir bei diesem Kampf niemals diejenigen vergessen, die noch ärmer sind als wir und die Armen in Asien und Afrika. Daß wir auf Gottes Appelle achten, die über die Millionen von Armen dieser Welt uns herausfordern. Daß wir fortfahren, unseren Glauben zu feiern und das Leben im Lichte des Wortes Gottes lesen, dessen eingedenk, daß die *Comunidades cristãs populares* wie ein «Essay des Reiches Gottes» anzusehen sind, in dem die Welt das Volk, die Erde und den Segen, den Gott allen Menschen wünscht, wahrnehmen kann und in dem selbst die Kirchen einen Grund für ihre Bekehrung und permanente Transformation finden. Und schließlich, daß wir uns niemals nur um die eigenen Interessen verschließen und uns bei internen Kämpfen zersplittern, sondern uns in einem gemeinsamen Kampf organisieren, damit die Sünde dieser Welt weggenommen wird. Nämlich die große soziale Sünde des kapitalistischen Systems, das unzählige Brüder tötet. Wir werden versuchen, es durch die Einheit aller zu besiegen, Christen aus den verschiedenen Kirchen und Nicht-Christen mit guten Motiven, die wie Ihr für den Sieg des Lebens über den Tod kämpfen, denn «wer nicht gegen uns ist, der steht auf unserer Seite» (Mk. 9,40). Der gemeinsame Feind, dieses kapitalistische System, ist wie der Drache aus der Apokalypse. Die kleinen und zerbrechlichen Gemeinden sind wie die Frau, die vor Schmerzen seufzt, um das neue Leben zu gebären, das den Drachen besiegt (Apk. 12).

Seid ohne Furcht! Christus ist auferstanden. Er lebt! Er hat uns zugesagt: «Ich habe die Welt überwunden. Ich bleibe bei euch bis an das Ende der Zeiten» (Joh. 16, 33; Mt. 28,20).

Übersetzt aus: Tempo e presença 157/1980

Ich reise herum über Gott zu reden

Ich reise herum über Gott zu reden
und beginne natürlicherweise
mit dem Menschenfresser
und bitte die die mir zuhören
ihm doch nicht länger anzudienen
ihre Kraft und ihre Kinder
ihm doch nicht länger zu opfern
ihr kurzes Leben

Leise sprech ich die Sprache der Erinnerung
an ein Leben ohne Angst vorm Gefressenwerden
und berühre mit meinen Händen
die alten großen Wörter noch einmal
Schwester nenn ich die Frau in der Sowjetunion
Frieden sag ich wenn die Hungernden satt werden
und ich entschuldige mich nicht
wenn ich über die Menschenfresser in anderen Ländern
nichts zu sagen habe

Weil ich doch eingeladen war
über Gott zu reden.

Lieben heißt, sich nicht verstecken

Ich bin vom 1. bis 5. Juni 1978 in Santiago de Chile gewesen, um mich an Ort und Stelle über den Hungerstreik zu informieren, der für die etwa 2500 Verschwundenen von ihren Familienangehörigen organisiert worden ist. An diesem Streik nehmen jetzt rund zweihundert Personen teil: die Angehörigen, politische Gefangene aus dem Gefängnis Penitenciaría, Gewerkschafter, Priester und Nonnen. Der Streik begann am 22. Mai, die Mehrzahl der Streikenden ist jetzt über 14 Tage ohne Nahrung.

Ich bin der Aufforderung, die von Chile Democratico, Rom, ausging, als Mitglied einer internationalen Delegation nach Chile zu kommen, mit einigen Zweifeln und Bedenken gefolgt. Was soll das, fragte ich mich: Die Frauen, für die ich hier bin, schlafen auf Matratzen auf dem Steinfußboden der Kirchen, ich wohne im Hotel. Sie tragen die Fotos ihrer Männer, Söhne und Freunde, die verschollen sind, angesteckt; ich kehre zu meiner Familie zurück. Sie kämpfen mit dem Einsatz ihres Körpers; ich nur mit meiner Schreibmaschine und meiner Stimme. Sie riskieren ihr Leben, alle sind bereit, bis zu den äußersten Konsequenzen zu gehen, es ist außerdem möglich, daß diejenigen, die jetzt für die Verschleppten sprechen, später selber verschleppt werden; ich kann höchstens ausgewiesen werden und Unannehmlichkeiten haben. Kurz: sie hungern, ich esse.

Ich habe auch heute keine befriedigende Antwort auf diese Fragen gefunden. Was meinen wir eigentlich mit dem großen Wort Solidarität, wie kommen wir vom Substantiv weg und zum Verb hin? Ein Gefangener hat mir eine Silbermünze geschenkt, auf der steht: *«Como si posible aprisionar el aire»*, «als ob es möglich wäre, die Luft einzukerkern», ein Vers aus Neruda, glaube ich, und ich lese in ihm als ein Minimum an Solidarität, den kategorischen Imperativ, sich nicht, unter keinen Umständen und keiner Bestechung, daran zu gewöhnen, was geschehen ist und geschieht.

Wir sind in drei von sieben Kirchen gewesen, in denen Hungerstreiks stattfinden, wir haben dort mit vielen einzelnen gesprochen. Wir haben immer wieder die Frage gestellt, warum bist du hier? Was motiviert dich, was willst du? Ein junges Mädchen mit breiten indianischen Zügen sagt: «Mein Vater wurde 1976 plötzlich verschleppt, als er zur Arbeit wollte. Wir warteten am Abend auf ihn, aber er kam nicht. Dann erzählte uns ein Nachbar, daß er abgeholt worden ist. Seitdem haben wir nichts gehört. Alle Briefe und Eingaben waren vergeblich. Meine Mutter arbeitet, um die Familie (von fünf Kindern) zu erhalten. So habe ich mich entschieden, für meinen Vater in den Hungerstreik zu gehen.» Sie ist 22 Jahre und klagt am zwölften Tag des Hungers über Kopfschmerzen. «Willst du aufhören?» frage ich Sie. «Nicht ehe wir wissen, was mit ihm geschehen ist. Sie müssen Antwort geben.» Sie trinken drei Liter Wasser am Tag, gewärmt, um

Erkältungen zu vermeiden, bekommen Salz und Vitamine. Alle sind unter ärztlicher Kontrolle. Die meisten sind Frauen, und sie definieren sich aus ihren Beziehungen, ich bin die Mutter von ... die Gefährtin von ... die Tochter des ...

In der Frauenbewegung haben wir lange versucht, diese Art von Selbstdefinition zu überwinden, aber hier macht es einen ganz anderen Sinn. «Lieben heißt, sich nicht verstecken», hören wir am Abend in einer «Pena», einer Versammlung in einem kleinen Lokal, wo zur Gitarre gesungen wird. Jeder aus dem Publikum kann zur Gitarre greifen und singen, man trinkt Wein und hört zu. Die Pena war immer schon ein Instrument politischer Kritik, Liebeslieder und Lieder der Peons, der Hilfsarbeiter auf dem Lande. Heute sind sie ein Ausdruck des kulturellen Widerstands, wie das Lied von dem Verschwundenen, dem jungen Mann, der ging und nicht wiederkam, Lieder von Freiheitskämpfern aus ganz Lateinamerika. Die erste Pena, die wir besuchen wollten, La Para, stand zwar noch in der Zeitung angekündigt, war aber gerade von der Regierung verboten worden.

Wir gingen zu einer anderen und hörten ein Lied von der Liebe,
aber nicht nur von Ich und Du.
Lieben – mit dem Gesicht zur Sonne, ohne sich zu verstecken
Lieben – jeden Augenblick sein Leben geben
Lieben – keine Maske tragen, das Gesicht zeigen
Lieben – sich aufs Spiel setzen für sein Volk
Ich kann nicht leben, ohne zu lieben

Aber zurück zur Kirche, in der die Hungerstreikenden in zwei langen Reihen nebeneinander auf dem Boden liegen. Medizinstudenten sind zu Besuch da, sie überbringen eine Resolution der Solidarität, die jeden einzelnen, der unterschreibt, den Studienplatz kosten kann: es sind 1200. Sie singen zur Gitarre, die meisten Frauen stricken, manche blättern in Illustrierten.

Eine Frau nimmt plötzlich das angesteckte Foto ihres Sohns und gibt es mir. Die Paßnummer 55 10542 STGO ist mit auf dem Foto. Ein junger Mann, der 1974 26 Jahre alt war, er unterrichtete am Poid-Institut und war ein sehr respektierter Lehrer.

Ich frage einen alten Jesuitenpater, warum er streikt. Er sagt, er hat zu viele Tote gesehen im Fluß. Er sieht zwei Möglichkeiten für die Vermittlung des Kardinals zwischen dem Streikkomitee und dieser Regierung. Wenn sie die Ermordung der rund 2500 zugeben, können sie sich nicht länger halten. Es ist aber auch möglich, daß sie eine Untersuchungskommission einsetzen, die herausfindet, wo die Verschwundenen sind, wer unter welchen Umständen gestorben ist und was mit den zweifelhaften Fällen geschah. Der alte Priester – einer unter sieben Geistlichen und sechs Nonnen, die nicht Angehörige sind – wird demnächst seinen 71. Geburtstag feiern. Die Stimmung ist hier – in der Kirche Jesus Obrero – besonders gut. Für eine der Nonnen haben sie eine Geburtstagstorte aus Klopapier gemacht, eine Kerze angezündet und «Happy birthday» gesungen. Täglich kommen über hundert Briefe und Telegramme, viele aus der Bundesrepublik. Während die Regierung erklärt, sie würde nicht verhandeln, solange die Streikenden hungern – und zwei Tage später – alle Konsequenzen des Streiks gingen zu Lasten der Streikleitung – unterhält sich der theologische Kollege mit mir über die Bedeutung dieser breiten Volksbewegung. «Nirgends als in Chile konnte das geschehen. Es ist notwendig für das Land, um zu wachsen. Die Hälfte der Bevölkerung ist in Schuld verstrickt», sagt er, «durch ihr Verschweigen, ihr Vergessen, ihre Angst. Jetzt erleben wir ein Erwachen – es ist ein intensives Glücksgefühl hier bei uns. Theologie», sagt er, «kann man eigentlich nur hier treiben, in der Mitte der Bewegung des Volkes. Die Situation des Hungerstreiks ist der *locus theologicus*. Wir verstehen uns.»

Körperlich geht es ein bißchen bergab, aber die Stimmung, das *ambiente*, ist großartig. Gestern war der britische Konsul hier, er weinte, als er ging. Nachtwachen, Gebetsreligion, Verlesung von Hirtenbriefen finden in der ganzen Nacht statt. Ein 16jähriges Mädchen, Tochter eines Verschwundenen, organisiert mit ihren Freunden einen Tag des Fastens und Betens, wie ihre Mutter erzählt. Vor ein paar Tagen fand eine Messe statt, in der eine Parallele zu dem Schicksal von Aldo Moro gezogen wurde. «Hier gibt es mehr als 2000 Aldo Moros», wurde gesagt. Aber es sind kleine Leute. Es wäre schön, wenn sich der Papst für sie ebenso einsetzte … Religiöser Selbstausdruck und politischer Kampf gehen ineinander über; gerade das erbittert die Junta, während es den eher vorsichtig taktierenden Kardinal stört. Er hat das weitere Wachsen des Streiks zu verhindern versucht und scheint von der Basis eher entfernt, ganz anders als Eurique Alvear, Weihbischof, der die Streikenden täglich zweimal besucht.

Die politische Bedeutung des Hungerstreiks der Angehörigen muß man im doppelten Kontext sehen: Einmal den der zunehmenden Schwäche, Unsicherheit und Zerstrittenheit der Junta selber, sodann im Kontext der Widerstandswillen des Volkes, der sich heute öffentlicher und bewußter äußert als noch vor einem Jahr.

Wir sprachen mit einem Gewerkschaftsführer, der zusammen mit Schriftstellern und Musikern die Streikenden in Don Bosco besuchte. Der Hungerstreik, sagte er, für eine Million Kupferarbeiter sprechend, repräsentiert das, was die Mehrheit des Volkes will. Diese Mehrheit ist zur Zeit durch die Regierung unterdrückt, durch legale Methoden wie Aufhebung bürgerlicher und gewerkschaftlicher Rechte, und durch illegale Methoden wie die Verbannung, die Vertreibung ins Exil, die Festnahmen von Arbeitern. Eine wichtige Aufgabe der Gewerkschaften in der breiten Bewegung, deren Spitze im Hungerstreik sichtbar wird, ist die Übermittlung von Nachrichten, entsprechend breitet sich der Streik jetzt über Santiago hinaus aus, in Concepción und Valparaiso wird ebenfalls für die Verschollenen gestreikt. Die Gewerkschaften haben ihre Leute in andere Gegenden des Landes geschickt, um über den Streik auch dort zu informieren, wo ausländische Sender, wie die Leute sagen, praktisch Radio Moskau, Habanna oder Ost-Berlin nicht empfangen werden kann. Der Hungerstreik hat hier den Charakter eines individuellen und eines bürgerlichen Kampfmittels verloren, «er wird weitergehen», wie der Gewerkschafter sagte, «bis eine Lösung gefunden ist, die für alle bewußten Arbeiter nur eine politische sein kann».

Man kann nach dem Putsch verschiedene Phasen der Organisation des Widerstands unterscheiden. Nach der Zerschlagung aller demokratischen Organisationen der arbeitenden Bevölkerung ist es bis 1975/76 gelungen, die Organisationen wiederaufzubauen. Seit 1976/77 funktionieren diese Organisationen wie Gewerkschaften, Untergrundparteien und Solidaritätsbewegungen wieder. Die Angst geht zurück, das Klima hat sich verändert. Die Junta könnte sich heute nicht leisten, etwa die Hungerstreikenden kurzerhand verschwinden zu lassen. Das bedeutet nicht, daß der Terrorismus des Staates zu Ende wäre, aber der Streik ist ein Symbol des breiten, wachsenden und immer offener auftretenden Widerstands. Die Junta kann nicht einfach zuschlagen und zögert, in relativer Schwäche, Entscheidungen heraus. Es ist klar, daß die Fälle der Verschwundenen nicht gelöst werden können, solange die Militärregierung besteht.

Die Vorbesprechung für einen Besuch im Gefängnis La Penitencería endete in ungeheurem Gekicher und Getuschel von vier Frauen: Es stellte sich heraus, daß ohne Rock und Unterrock an ein Hereinkommen nicht zu denken war. Obwohl wir als Ausländer keine Schwierigkeiten hatten, in das Gefängnis, in dem 31 politische Gefangene inhaftiert sind, zu kommen, mußten wir doch als Frauen erst eine kleine Verkleidungsprozedur bewerkstelligen, Jeans aus, BH an, unsere chilenischen Compagneras, die zu ihren Männern wollten, amüsierten sich ebenso wie wir.

Wir wurden nach kurzer Leibesvisitation durch zwei Wächterinnen gegen Abgabe unserer Pässe hereingelassen und kamen in einen langgestreckten, schmalen, kellerähnlichen Raum, in dem sich etwa hundert Leute aufhielten, 31 davon die Gefangenen, die offiziell nicht als politisch eingestuft sind. Sie sind wegen Raub und Bedrohung angeklagt, die meisten von ihnen sitzen seit 1976 oder 1977 ein, es sind militante Mitglieder linker Parteien. Alle 31 nehmen seit Montag am Hungerstreik der Angehörigen der Verschollenen teil. Warum tut ihr das, fragten wir einige von ihnen, nicht zu lange, weil wir merken, daß sie die kurze Zeit von zwei Stunden mit ihren Frauen zusammensein wollen. Alle von ihnen sind willkürlich vom Arbeitsplatz, auf dem Weg nach Hause, bei der Hausdurchsuchung festgenommen und verschleppt worden. Alle haben in verschiedenen Folterzentren gelebt, bevor sie hierherkamen, wo die Bedingungen, vor allem die hygienischen, zwar katastrophal sind, aber nicht gefoltert wird. Bei diesen Festnahmen, Verhören und tage-, manchmal wochenlangen Torturen kamen sie mit vielen zusammen, die heute auf den Listen der Verschwundenen stehen. Sie wissen von vielen, die ermordet worden sind, und sie wissen, daß sie selber hätten zu den Verschollenen gehören können. Die Verbindungen zu anderen Konzentrationslagern, Gefängnissen und Folterzentren sind gut. Der Grad der Organisation ist hoch.

Es sind also persönliche und politische Gründe, die die Gefangenen zum Mitmachen bestimmen, was angesichts ihres ohnehin nicht allzu guten Gesundheitszustands ein Beweis ihrer moralischen Stärke und Überlegenheit ist. Die Stimmung in dem feuchten, kellerartigen Raum, mit vier Öfchen notdürftig geheizt, unter den hungerstreikenden Gefangenen und ihren Besuchern war unbeschreiblich. Ich habe noch nie so viel offene Zärtlichkeit in einer Gruppe gesehen, wortlose, traurige und mutmachende Zärtlichkeiten wurden da ausgetauscht zwischen Freund und Freundin, Mann und Frau, Müttern und Söhnen. Ein Vater saß auf einer Bank, wie die meisten Streikenden wohl aus Schwäche, und hatte seine vielleicht zehn Jahre alte Tochter zwischen seine Beine gestellt. Er streichelte ihr Haar, er fühlte ihr Gesicht. Ein sehr alter Mann, Besucher, ging von einem Gefangenen zum anderen, nickte ihnen zu oder sprach ein paar Worte, von allen mit dem größten Respekt behandelt. Die Gefangenen haben vor dem Hungerstreik kunsthandwerklich gearbeitet, Körbe, Schmuck und andere Gegenstände hergestellt, die dann mit Hilfe der Vicaria verkauft werden.

Die Regierung leugnet nach wie vor und vor kurzem einmal wieder die Existenz von politischen Gefangenen und entsprechend auch den Hungerstreik derselben. Die Vicaria der Solidaridad hat dies dementiert und einen Bericht über den Gesundheitszustand der Gefangenen veröffentlicht. Ihre ärztliche Versorgung ist miserabel, seit das Internationale Rote Kreuz seit Februar 1978 mit einem neuen Vertreter besetzt ist, der nach Aussagen mehrerer Gefangener ausschließlich mit dem Bürgermeister und der Gefängnisleitung zusammenarbeitet. Das Verhalten des Roten Kreuzes nannten die Gefangenen «kriminell». Diejenigen, die im Büro vom Roten Kreuz im Hungerstreik waren, wurden vollständig isoliert, durften keine Besucher und Post empfangen, wurden dafür aber dreimal täglich von einem Arzt besucht, der ihnen klarmachte, wie schwach und hinfällig sie seien.

Sie bekamen keine Matratzen, zwei Carabinieros bewachten sie ständig, und der Vertreter des Roten Kreuzes betrachtete sie als persönliche Belästigung; sein Büro sei schließlich kein Krankenhaus. Diese Gruppe hat den Streik unterdessen abgebrochen bzw. ist im Krankenhaus.

Die im April 1978 verkündete Amnestie der Junta hatte nach der Einschätzung der Gefangenen folgende Zwecke: 1. Sie sollte das Bild der Junta im Ausland verbessern. 2. Sie sollte den Folterern von der Dina Straffreiheit zusichern, und 3. sie ermöglichte der Junta, Leute zu entlassen, im Gefängnis von Santiago waren es drei, die sofort von der Dina aufgegriffen und zu Folterzentren gebracht worden sind. Ein weiterer Trick der Junta ist es, bestimmte Konzentrationslager aufzulösen und für nicht mehr nötig zu erklären, während sie in Wirklichkeit nur an einen neuen Geheimort verlegt werden.

Wir wurden Augenzeugen eines Stücks des neuen politischen Bewußtseins: Am 3. Juni sahen wir einen Schweigemarsch von etwa 120 Personen, die gegen 12 Uhr 30 durch die Innenstadt zum obersten Gerichtshof gingen und dort ihre Papptafeln und Plakate an den Eingang stellten. PAX AMOR JUSTICIA stand darauf, «wir werden sie wiederfinden», «wo sind die Verschwundenen?» Wir sprangen aus unserem Auto und gingen mit der Gruppe, die von den Passanten mit einer Mischung aus Angst und tiefem Respekt angesehen wurde. Vor dem Gericht zerstreute man sich, um uns bildete sich eine Traube von etwa zwanzig meist jungen Leuten. Die Polizisten kamen näher, eine junge Frau stimmte ein Lied an – Beethoven, *An die Freude*. So sangen wir zwei Strophen, sie spanisch, wir Schiller, und es wurde mir noch einmal klar, daß die besten Teile der großen bürgerlichen Befreiungstradition heute hier, in den Kämpfen der Dritten Welt gegen die den Feudalismus repräsentierende Erste Welt leben. «Alle Menschen werden Brüder», so einfach konnte die Sprache eines deutschen Lieds sein. Warum, frage ich mich, muß ich nach Chile fliegen, um *Freude schöner Götterfunken* auf der Straße zu singen? Warum ist unsere beste Tradition nie angeeignet worden, nie für alle gewesen?

Matilda Neruda, die Witwe Pablos, schrieb in einem Solidaritätsbrief: «Liebe Freundinnen, heute ist der achte Tag des Weges, den Ihr zu gehen gewählt habt. Dieser Weg kann für Euch schicksalhaft sein, aber Ihr habt ihn vorgezogen gegenüber dem Leben in der ständigen Angst um das Schicksal der Menschen, die Ihr liebt. Ich kenne Euch fast alle, Ihr habt mir Eure Tragödie erzählt und zusammen mit Euch habe ich mich tausendmal gefragt, mit der Mutter, die eine schwangere Tochter verliert: Wo ist der Enkel oder die Enkelin, die schon hätte geboren sein müssen? Wo ist der Ehemann von dieser meiner Freundin, die sich Tag für Tag sehnt, wo sind die Kinder, die Brüder, die Ehemänner, die Ehefrauen, die Verlobten von so vielen verzweifelten Menschen? Wo sind sie?»

Das Grab Pablo Nerudas läßt sich in der hintersten Ecke des Friedhofs schwer finden, wie auch das von Victor Gara. Dennoch ist es oft besucht, findet man meistens Blumen dort; die Empörung über die Barbarei der

Junta dem größten chilenischen Dichter gegenüber ist auch in gutbürgerlichen Kreisen allgemein und wird in hemmungslosem Weinen und lautem Schimpfen geäußert.

Ein anderes Beispiel für den wachsenden öffentlichen Widerstand wurde uns erzählt: Am 8. März 1978 fand zum internationalen Frauentag im Teatro Caupolican eine Veranstaltung mit einigen tausend Zuschauern statt. Der Ruf eines einzelnen «Viva Pablo Neruda!» wurde von der Masse mit «Pablo Neruda presente!» beantwortet. Ein neuer Zuruf «Viva Victor Jara!» Die Antwort wieder, Victor Jara ist da! Dann rief jemand Viva Salvador Allende. Ein sekundenlanges Schweigen brach aus, dann standen die Leute auf und riefen «Salvador Allende presente!» Am 1. Mai dieses Jahres fand eine Demonstration statt, die gemeinsam von Gewerkschaften, Christdemokraten und Unidad Popular-Leuten organisiert war. Die Teilnehmerzahlen werden auf 6000 bis 8000 Menschen geschätzt, etwa sechshundert wurden dabei kurzfristig verhaftet.

Vielleicht sind die Tage der Junta, zumindest die Tage Pinochets wirklich gezählt. Darüber läßt sich zur Zeit nur spekulieren. Wichtig als eine neue Erfahrung, scheint mir, daß die Verschwundenen nicht mehr als «eben weg und damit basta», wie ein Lagerkommandant sagte, hingenommen werden. Die Chilenen haben sich, anders als die Mehrzahl der Deutschen im Faschismus, nicht daran gewöhnt, daß Menschen verschwinden und man manchmal ihre verstümmelten Leichen im Fluß findet. Sie haben sich auch nicht an die gewöhnt, von denen man nichts weiter weiß. An diesem Sich-nicht-Gewöhnen hat erheblichen Anteil eine Organisation der katholischen Kirche, die in diesen Tagen als ein Informations-, Treff- und Hilfszentrum total überlaufen ist, die Vicaria de la Solidaridad (Plaza de Armas 44, Santiago de Chile – Spenden!). Eine der überarbeiteten Frauen dort sagte mir im Scherz: «Wir sind auch im Hungerstreik, ich habe seit Tagen keine Zeit gehabt zu essen.» Eine Organisation wie die Vicaria sollte den Friedensnobelpreis bekommen, auch zur Ermutigung für die Völker, denen Faschismus über kurz oder lang ins Haus steht.

Aus: «Junge Kirche», Heft 8 (1978)

Im Januar 1978 zeigte eine Gruppe aktiver bolivianischer Christen, Arbeiter und Studenten der Welt, was eine Mobilisierung des Volkes, ein engagiertes Handeln in Einigkeit zu erreichen vermag.

Es begann wenig spektakulär. Vier Frauen – ihre Männer waren arbeitslose Minenarbeiter – und vierzehn Kinder, die nach dem harten Vorgehen der Regierung gegen die streikenden Minenarbeiter und gegen Gewerkschaften ihres Lebensunterhalts beraubt waren, begannen am 28. Dezember 1977 in La Paz einen Hungerstreik. Sie gelobten, nicht eher wieder zu essen, bis die Militärregierung unter General Hugo Banzer Suarez eine uneingeschränkte Amnestie aussprechen, die Gewerkschaften wieder zulassen und die wegen gewerkschaftlicher Aktivität entlassenen Arbeiter wieder einstellen sowie die Armee von den Minen abziehen würde.

Am dritten Tag nahmen Mitglieder der Permanent Assembly for Human Rights den Platz der vierzehn Kinder ein. Bis zum 16. Januar schwoll die Zahl der im Hungerstreik befindlichen Studenten, Kirchenangehörigen, Minenarbeiter und deren Frauen und anderer solidarischer Bolivianer auf 1383 an.

Auf Bitten der Permenent Assembly trafen am 15. Januar drei amerikanische Kirchenvertreter ein, um die nordamerikanische Solidarität mit den Streikenden zu unterstreichen und an den Verhandlungen mit der Regierung teilzunehmen. Es gab Anzeichen dafür, daß die Banzer-Regierung einen letzten Versuch zur Niederschlagung des Streiks vorbereitete.

Auf dem Höhepunkt der Ereignisse traf die amerikanische Kirchendelegation ein. Täglich gingen von allen Seiten Solidaritätserklärungen für die Streikenden ein. Dann, am 17. Januar, um drei Uhr morgens, schlug Banzer mit Gewalt zu und nahm alle im Hungerstreik Befindlichen fest. Die vier Frauen, die den Streik begonnen hatten, verweigerten in der Haft nun auch das Trinken; sie waren einundzwanzig Tage ohne Nahrung und dem Tode nahe. Der Erzbischof von La Paz drohte mit der Einstellung der Gottesdienste. Die Anwesenheit der Kirchendelegation und die vielen Telegramme und Briefe aus aller Welt verstärkten noch die Unruhe des Militärregimes.

Um Mitternacht des 17. Januar verkündete Banzer die sofortige und allgemeine Amnestie. Einige Stunden später wurden alle Streikenden aus den Polizeigefängnissen freigelassen. All ihre Forderungen waren erfüllt worden, einschließlich die Freilassung der 52 bekannten politischen Gefangenen in Bolivien. Für Juni 1978 wurden demokratische Wahlen angesetzt.

Der außergewöhnliche Erfolg des bolivianischen Beispiels hat bereits andere Gruppen dazu ermutigt, gegen die Unterdrückung in einer ähnlichen Weise vorzugehen. Berichte aus Nicaragua deuten darauf hin, daß eine Gruppe katholischer Oppositioneller einen Hungerstreik als Protest gegen die Repression durch die Somoza-Regierung organisiert.

Übersetzt aus: Human Rights Perspectives, März/April 1978

Für die jungen Genossen

Einer und ein Freund und ein Freund und ein Freund
sag nicht das gibt vier
es sind mehr
das Kleine Einmaleins ist die Freundschaft
das Große die Revolution

Fang mit dem Kleinen an
denn ein Freund herrscht nicht
ein Freund hat immer Zeit
oder er weiß einen der jetzt Zeit hat
ein Freund weiß immer Rat
oder er kennt einen andern der Rat weiß
ein Freund ist immer zuständig
oder er findet wer zuständig ist

Das Kleine Einmaleins ist das Netzwerk
das Große die neue Stadt

Triumph des Todes (P. Bruegel)

Christus in El Salvador

Die Massenmorde in El Salvador gehen weiter. Auf den Widerstand des Volkes gegen die Terroristen an der Spitze, die militärisch und wirtschaftlich von den USA gestützt werden, folgt in der Logik des Imperialismus, der es sich nicht leisten kann, «nach Nicaragua auch noch El Salvador zu verlieren», die Vietnamisierung des Landes: Vertreibung der Bevölkerung, Flächenbombardement, Beseitigung der Opposition, Terror gegen jeden, der auch nur die Namen der Getöteten nicht verschweigt.

Dies alles in einem katholischen Land, dessen Christen mehrheitlich Partei ergriffen haben für das Volk und seine Rechte. Kirchen sind dann nicht mehr Orte feierlicher Sakralität, die von den Kämpfenden geschont oder vermieden würden, sie werden wieder Versammlungsorte des Volkes, in denen der Kampf stattfindet: Die Namen der Verschwundenen werden dort laut genannt zusammen mit dem vorgelesenen Evangelium, in den Kathedralen suchen Menschen Zuflucht vor Verfolgung, eine Freistatt, in der Polizei und Militär keine Hoheit haben. Kirchenbesetzungen sind neben Streiks die wichtigsten Kampfmittel der Nicht-Kombattanten. Damit wird der Raum der Kathedrale zunehmend der Ort von Bluttaten, Mord in der Kathedrale nichts Ungewöhnliches mehr. Der Sprengstoffanschlag bei der Aufbahrung der ermordeten Oppositionsführer drückt das sinnfällig aus. Die Terrororganisationen kündigen «weitere Jagd auf Kommunisten an, worunter auch Jesuiten und andere christomarxistische Priester zu verstehen sind».

Warum wird die Kirche in El Salvador verfolgt? Monsignore Romero, Erzbischof von San Salvador, schrieb einige Monate vor seiner Ermordung: «Wir müssen die Kirche der Armen sein und ihnen so treu dienen, wie man Christus dienen soll, und zwar zunächst, indem wir ihnen ihre Würde bewußt machen, damit sie durch denselben Christus eines Tages Nutzen ziehen können aus der wahren Befreiung.» Die Würde der Unterdrückten ist der Kampf, das Nicht-mehr-alles-mit-sich-machen-Lassen. Die Kirche wird verfolgt, weil sie sich immer eindeutiger auf die Seite des Volkes gestellt hat. Sie wird nicht an der Ausführung bestimmter kultischer Zeremonielle gehindert, aber an der Verkündigung des Evangeliums, nämlich daß Gott die Partei der Armen
ergriffen hat. In El Salvador ist aus einem Verein zur Pflege religiösen Brauchtums immer mehr die Kirche Jesu Christi geworden, die Anteil hat am Widerstand.

Es ist Christus, der in El Salvador gefoltert wird, es sind seine Freunde, die verschleppt werden, es ist sein Haus, das zerbombt wird. Man stelle sich nur einen Augenblick vor, eine blutige Verfolgung solchen Ausmaßes geschähe in einem Land des Ostblocks. Die bürgerliche Presse machte dann auf fromm, ihre Schreiber wären in ihren tiefsten Gefühlen verletzt, das Gotteshaus würde «heilig» genannt werden, die verfolgten Priester

Public Relations

Zu Beginn des Jahres achtzig
veranschlagte das Pentagon 28 Millionen Dollar
für Public relations

Gemessen an der Größe der Aufgabe
ist das eine winzige Summe.
In den Vereinigten Staaten leben zweihundert Millionen Menschen
jeder von ihnen muß davon abgehalten werden
nachzudenken.
Jeder von ihnen muß lernen
seine Augen nicht zu gebrauchen
und die alten Instinkte nicht hochkommen zu lassen
dem Verdurstenden ein Glas Wasser zu geben
und dem Verhungernden ein Stück Land
liegt vielen immer noch nahe.
Auch das Bedürfnis die eigene Intelligenz zu gebrauchen
läßt sich schwer ausrotten.
Gemessen an der Größe der Aufgabe
sind achtundzwanzig Millionen Dollar
für Gehirnwäsche
unvorstellbar wenig

Bienenzüchter (P. Bruegel)

«Märtyrer», die Verfolger hießen der Antichrist. All dies geschieht hier nicht, weil der Kampf hier nicht um Privilegien der Kirche geht, die sie im Rahmen bestehender Ungerechtigkeit zu erhalten trachtet, sondern um die Würde der Armen.

Die offizielle Propaganda der Regierenden in El Salvador behauptet, es handle sich bei den Kämpfen zwischen dem Volk und seinen Mördern um «Auseinandersetzungen zwischen extremen rechten und linken Gruppen», Militär und Regierung ständen «in der Mitte» und versuchten, Ordnung zu schaffen. Genau diese Rolle ist auch für die Kirche vorgesehen und wird hierzulande kirchlich propagiert. Als Kardinal Höffner um Solidarität mit den Christen in El Salvador gebeten wurde, hat er erklärt, seine «Nachforschungen, ob zahlreiche Katholiken in Gottesdiensten umgebracht worden seien, führten zu dem Ergebnis, daß diese Gerüchte sich nicht beweisen lassen». Wie auch wäre das möglich unter den Bedingungen des brutalsten Terrors?! So findet alles das nicht statt, was dem Martyrium angemessen wäre: der Aufschrei der zivilisierten Welt, das Gebet für die Opfer (das für die amerikanischen Geiseln im Iran so reichlich zum Himmel stieg). Der Protest gegenüber dem Genozid und die Solidarisierung mit den Unterdrückten fehlt. Der Papst hat es voriges Jahr fertiggebracht, nach Lateinamerika zu reisen, ohne ein Wort für die zu Tode gefolterten Priester und Nonnen, Arbeiter und Jugendlichen zu finden. Und Roger Vekemans, S. J., führender lateinamerikanischer Antikommunist, hat sich nicht entblödet, das Wort Martyrium einer neuen Begriffsbestimmung zu unterziehen, die nicht bei den Gläubigen und ihrem Selbstverständnis ansetzt, sondern bei den Folterern. Er unterscheidet zwischen denen, die durch Nichtchristen und denen, die durch Christen getötet werden; bei den letzteren handle es sich nur um «menschliche Bosheit», bei den ersteren aber um Glaubenshaß und ein luziferisches System (*Publik-Forum*, Nr. 17/1980, S. 9). So wird den Toten noch der Tod genommen und denen, die ihr Leben geben, die Wahrheit ihrer Hingabe. Man kann es nicht oft genug wiederholen: Es gibt eine Kirche von oben, und es gibt eine Kirche von unten, sie unterscheiden sich durch die Bündnisse, die sie eingehen.

Am Karfreitag dieses Jahres stand ich mit einer Gruppe von Christen, darunter viele lateinamerikanische Flüchtlinge, vor dem Weißen Haus in Washington. Wir wollten an die Ermordung von Erzbischof Romero erinnern und hatten ein altes Mittel der Volksfrömmigkeit für uns wiederentdeckt: die Betrachtung der Leidensstationen Christi. Wir trugen Papptafeln mit den Namen der Stationen des Kreuzwegs: Er wird gefangengenommen. Er wird verhört. Er wird gefoltert. Er bricht zum erstenmal unter dem Kreuz zusammen. Diese Stationen wurden durch Bilder aus dem Alltag in El Salvador erläutert: Bauern werden mit vorgehaltener Pistole in einen Jeep gezwungen und abtransportiert. Man findet eine Leiche von Kugeln durchsiebt neben der Landstraße. Aus Hubschraubern wird auf die flüchtende Bevölkerung geschossen. Panzer machen die Dörfer dem Erdboden gleich. Abgeschnittene Glieder, ausgestochene Augen, verbrannte Haut. Wir haben diese Bilddarstellungen in ihren ökonomischen und politischen Zusammenhängen erklärt. Wir haben Anfragen an die US-Behörden gerichtet, so wie wir hierzulande Anfragen an Bonn richten, ob der zugesagte Kredit von 22,5 Millionen DM an die Junta ausgezahlt wird nach dem, was in diesen Tagen geschehen ist. Zwischen den einzelnen Stationen haben wir gebetet: für die Gefolterten, für die Verschwundenen (ca. 3000 Menschen in diesem Jahr) und für die Ermordeten, deren Zahl auf 10 000 bis 12 000 geschätzt wird.

Der Massenmord geht weiter. Es ist nicht christliche Arroganz, wenn wir sagen: es ist Christus, der in El Salvador gefoltert wird. Es ist ein einfacher Ausdruck des Glaubens. Aber so wie Er damals «Gotteslästerer» hieß, weil er mit dem Gott der Herrschenden gebrochen hatte, so nennen sie ihn heute «Kommunist», weil er mit dem Gott des internationalen Kapitals gebrochen hat. Die spirituelle Seite des Kampfes ist nicht nebensächlich (das wäre westeuropäisch-aufklärerische Arroganz), weil die Befreiungskämpfe aus dem Geist der jüdischen Propheten und der Parteinahme Jesu für die Rechtlosen leben.

Ich habe keine politische Analyse des Widerstands, die zu Hoffnungen berechtigt. Wir müssen mit dem Schlimmsten rechnen, für eine Zeit. Aber aus der Tradition, auf die sich die in El Salvador Kämpfenden und Leidenden berufen, weiß ich: der Terror hat nicht das letzte Wort. Mit dem Tode ist nicht alles aus. Er war nicht umzubringen.

«Das könnte den Herrn dieser Welt ja so passen/wenn erst nach dem Tode Gerechtigkeit kämen/erst dann die Herrschaft der Herren/erst dann die Knechtschaft der Knechte/vergessen wäre für immer» (Kurt Marti, Osterlied).

Oder die Auferstehungsformel lateinamerikanischer Kämpfer: der tausendstimmige Ruf *presente*. Victor Jara-*presente*. Salvador Allende-*presente*. Oscar Romero-*presente*. Juan Chacon, 23 Jahre, Generalsekretär des Revolutionären Volksblocks, -*presente*. Und viele Tausende mehr-*presente*.

Aus: Blätter für deutsche und internationale Politik 12/1980

Christus stirbt in Washington

Gerade als wir losfuhren
um vor dem Weißen Haus mit ein paar Tausend Leuten
gegen die Rüstung zu sprechen
sagte der Lautsprecher an der Station
daß einhunderttausend Leute erwartet werden
die WASHINGTON FÜR CHRISTUS retten wollen
die Kinder vor homosexuellen Lehrern schützen möchten
und junge Frauen vor Entscheidungen über ihr eigenes Leben

Wir waren nur 17000
kein Lautsprecher nahm Notiz von uns
wir wollten nur über die Kinder in den Gettos reden
deren Lehrer gefeuert werden
bis die Schulen funktionieren wie Gefängnisse
wir wollten über die reden, die im Gefängnis landen
oder in der Armee
und über die Arbeitsplätze
die eine friedliche Wirtschaft herstellt.
Wir waren wenige und es goß in Strömen
den ganzen Weg

Wir müssen den Niedergang der Moral aufhalten
sagte einer ihrer Führer
und den des Militärs.

Als wir nach Hause gingen
sagte ein Genosse zu mir
mach dir nichts draus, Washington ist nicht für Christus
und wenn sie noch mehr Radiostationen kaufen
und die Menschen erziehen
sich selber zu hassen und andere.

Aber Christus, sag ich zu ihm,
stirbt gerade hier in Washington.

Man betrachtet den Indianer immer als Museumsstück, und man betrachtet ihn als einen Menschen dritter Kategorie.

Wie auch die anderen indianischen Völker, haben die Indianer Guatemalas eine Geschichte mit großen Traditionen, mit hohen kulturellen und gesellschaftlichen Werten und mit großen Entfaltungsmöglichkeiten. Es ist ein Volk, daß in Guatemala die Mehrheit bildet. Es ist ein Volk, daß seit der Eroberung immer beherrscht, versklavt und am Boden gehalten wurde. Man hat es zwar beherrscht, aber man konnte es nicht besiegen. Seit über 450 Jahren führt das indianische Volk einen schrecklichen Überlebenskampf, trotz der nicht zu zählenden Massaker, trotz der Erniedrigung, trotz dieser totalen Ausbeutung. Dieses Volk kämpft immer weiter, um damit zu zeigen, daß es ein großes Volk ist, voller Würde und aufrichtiger Menschlichkeit.

Auch in Guatemala, wo der Rassismus zwischen Weißen und Indianern an der Tagesordnung ist, beginnt man, den Indianer als Menschen zu sehen, ihn zu respektieren, als eine Person mit den gleichen Werten wie die Weißen. Man will ihn auf das «Niveau» des Weißen bringen. Ist das aber ein Fortschritt? In einigen Aspekten repräsentiert der Indianer ein anderes Maß an Menschlichkeit, an sozialem Verhalten.

Das indianische Volk besitzt Werte, die wir bereits meist durch unsere Art von Zivilisation verloren haben. Ist unsere Zivilisation nicht eine reine Konsumgesellschaft, egoistisch, ohne Rücksicht auf den anderen und vor allem auf Kosten des anderen; eine Zivilisation der Uhren, der Maschinen, der Waffen, die uns beherrschen und nicht wir sie. Die Indianer dagegen bewahren sich ihre Werte, die uns eines Tages helfen können, ein anderes, ein bewußteres und menschlicheres Leben zu führen.

Ich lebte in einer indianischen Gemeinde, in der jeder das Recht hatte, zu kommen und zu bitten, «ich brauche dieses oder jenes Stück Land, um darauf zu säen und anzubauen». Und jeder bekam so viel, wie er erbat. Dies ist der Gemeinschaftssinn der Indianer. Sie fordern das Land nie für ihren Privatbesitz, als persönliches Eigentum, sondern das Land, das sie bebauen als einen Teil der Gemeinschaft. Ich war bei vielen indianischen Gemeinden, die seit mehr als achtzig Jahren um kommunale Ländereien kämpfen. Die Worte «gemeinschaftlich» oder «kommunal» haben in der indianischen Bevölkerung eine wichtige Bedeutung. Denn das Gefühl und das Leben von Gemeinschaft ist etwas sehr Tiefes und Grundlegendes, was in jedem Indianer steckt. Ähnlich ist es mit dem Begriff der Autorität. Eine Autorität ist für die Indianer nicht ein Chef, ein Diktator, der sich an die Spitze stellt. Es gibt immer eine Person, die als Gemeindevorsteher fungiert. Aber diese Autoritäten oder Führer sind sehr leicht auswechselbar, wenn die Gemeinschaft mit ihren gewählten Führern nicht mehr einverstanden ist.

Es ist die Gemeinschaft, die die Führer ernennt. Es ist nicht einer, der sich selbst an die Macht bringt, durch seinen Willen oder durch bestimmte Fähigkeiten.

Wie stark diese indianische Identität ist, zeigt sich zum Beispiel daran, daß es das allererste ist, dem mit Gewalt in die Kasernen gebrachten Indianer ihre Werte und ihre indianische Identität zu nehmen. Das erste, was die Soldaten tun, ist, daß sie die Indianer in Bordelle führen, was den Indianern total unbekannt und fremd ist, weil es in der indianischen Kultur keine Prostitution gibt. Wir wissen, daß die Indianer sehr früh heiraten und daß ein Mann mehrere Frauen haben kann. Jedoch gibt es nur eine Frau, die die Ehefrau ist. Der Respekt in der Familie vor der Frau ist außerordentlich groß.

Eine andere Sache: es gibt unter den Indianern keine Waisen. Sicher gibt es Kinder, denen die Eltern weggestorben sind, jedoch würden die Indianer von diesen Kindern nie als Waisen sprechen und sie dementsprechend behandeln. Diese Kinder gehören zur Gemeinschaft, die wie eine Familie reagiert und die Kinder sofort aufnimmt. Kommt man in eine indianische Gemeinde, kann man sehr schnell feststellen, daß die zwischenmenschlichen Beziehungen einen hohen Stellenwert im sozialen Leben einnehmen.

An Festen wie Neujahr zum Beispiel sieht man Kinder, Jugendliche und Erwachsene sich untereinander kleine Dinge schenken, wie eine Tasse Kakao oder einen Becher Kaffee. Dies ist ein Ausdruck für die hohe und intensive Kommunikationsfähigkeit innerhalb der Familien. Besonders erweisen sie an diesen Festen den älteren Menschen der Gemeinschaft ihren Respekt durch diese kleinen Geschenke.

In unserer Zivilisation dagegen ist jeder, der nicht mehr im Produktionsprozeß steckt, zu nichts mehr nutze. Man steckt ihn in ein Altenasyl, denn er hat ja keinen Wert mehr und damit er nicht mehr stört. Das Sprichwort sagt: Du bist so viel, wie du kannst. Das ist unter den Indianern undenkbar. Sie haben einen ungeheuren Respekt vor den älteren Menschen in der Gemeinschaft. Ich muß mich entschuldigen, ich bin kein Spezialist auf diesem Gebiet.

Ich bin kein Wissenschaftler. Ich habe es mehr erlebt. Vielleicht habe ich auch zuwenig Zeit gehabt, um dies alles intellektuell besser zu erfassen und weiterzuvermitteln. Ich kann nur eins sagen, daß all diese Werte aus der indianischen Kultur wichtig sind. Sie können uns eine Lehre sein, die Gesellschaft zu verändern, hin zu einer menschlichen Gesellschaft.

Auszüge aus einem Gespräch mit zwei Priestern der «Guatemaltekischen Kirche im Exil». In: « . . . und sie fordern nur das Land und ihr Leben», Broschüre, hg. v. der Informationsstelle Guatemala e. V., München, Friedrichstr. 25, Tel.: 089/7255857, Postscheckkonto München Nr. 2081 59–802

Ihren Mund auftun für die Stummgemachten

Ich will versuchen zu sagen, warum mich dieses Zeugnis aus Guatemala betrifft. Ich will nur ein Detail herausgreifen, um meine Betroffenheit mitteilbar zu machen: daß junge Indianer, zum Militär gepreßt, als erstes ins Bordell geführt werden ... Die militärische Erziehung beginnt hier mit der Auslöschung der kulturellen Identität. Das ist übrigens keineswegs exotisch oder nur für Lateinamerika gültig. Bordellwesen und Alkoholismus gehören zu diesem System wie der Landraub und die Vertreibung. Ich stelle mir einen jungen Indianer vor, der hier seine Erfahrungen mit dem Terror (Made in Israel zum Beispiel) macht. Vielleicht wird er stumm werden wie sein Bruder in Nordamerika in *Einer flog über das Kuckucksnest*. Vielleicht wird er kämpfen lernen.

Es wird mir an diesem Detail deutlich, wie die Unterdrückung funktioniert:

– Es sind Indianer, die ihres Landes und seiner Bodenschätze beraubt werden, Angehörige einer minderen Rasse von Menschen. Sie haben das technologische Niveau der Herrenrasse noch nicht erreicht. Ihre traditionelle Ökonomie und ihr Gemeinwesen funktionieren anders. Man muß sie anpassen an die Kultur des Bordells oder sie beseitigen. Die weißen Herren haben zwei Verwendungsmöglichkeiten für Andersrassige: Unterwerfung oder Liquidierung. Ins Bordell, in die Fabrik, ins Militär, in die Reservation, ins Getto – oder ins Maschinengewehrfeuer, in die Zwangssterilisierung, ins Flächenbombardement. Ein System, das Menschen anderer Rasse vor die Alternative stellt, versklavt oder ermordet zu werden, nennen wir *Rassismus*.

– Die Unterdrückung der einen Hälfte der Menschheit muß speziell eingeübt und praktiziert werden. Die Bestialitäten, die das Militär im Auftrag oder mit der schweigenden Billigung der Konzerne durchführt, sind darauf gerichtet, Frauen zu Objekten zu machen, die man benutzt, kaputtmacht und dann wegwirft. Ein System, das Menschen auf Grund ihrer Geschlechtszugehörigkeit beschädigt, unterdrückt oder zugrunde richtet, nennen wir *Sexismus*.

– Es sind die Armen, gegen die dieser schmutzige Krieg von seiten der Besitzenden geführt wird. Sie sollen schweigen und absolut rechtlos gemacht werden. Jeder Versuch des Volkes, sich anders als in Abhängigkeit zu organisieren, wird blutig bestraft. Die Gründung einer Genossenschaft in den Dörfern ist ein Verbrechen. Das Land ist nicht dazu da, bebaut zu werden, sondern es soll besessen und ausgebeutet werden. Die herrschende nationale Machtelite, die kleine Schicht, die die Regierung stützt, versucht Anteil an den Profiten der internationalen Konzerne zu gewinnen. Diese Verbindung von einer neoliberalistischen Wirt-

Die Bauruine

Der Turmbau zu Babel (P. Bruegel)

Sicher wir schaffen Tag und Nacht
ob so oder mit Scheinwerfer
es geht voran
plangerecht und todsicher

Wir brennen die Ziegel jetzt schneller
ob die Väter die Kleinen noch sehen
spielt keine Rolle wir halten
den höchsten Standard hier

Gewiß doch der Turm enthält nur Apartments
andere Einheiten sind nicht gefragt
die schlafen doch sowieso nur hier
wo denken Sie hin

Und als die Kälte zunahm
stellten wir automatisch höher ein
und als die Mißverständnisse auftraten
besorgten wir mehr Alkohol
und als die Leute die fremden Sprachen hörten
sagten wir arbeitet nur und kauft
das mit der sprachlichen Kommunikation
wird sich schon finden.

schaftspolitik à la Milton Friedman, Chicago, und einer internationalen Arbeitsteilung nach den Plänen der trilateralen Kommission führt zur Vertreibung oder Vernichtung der ursprünglichen Einwohner. Diese Politik funktioniert erfahrungsgemäß am besten, wenn die nationalen Machteliten – Militärs und Polizei – mitbeteiligt werden. Dieses System nennen wir internationalen *Kapitalismus*.

Rassismus, Sexismus und weltweiter Kapitalismus stellen eine Einheit dar. Es ist eine Illusion anzunehmen, man könnte eine Art friedlichen Weg zum Kapitalismus gehen, ohne die beiden blutigen Verbündeten zu bemühen. Der Indianerjunge, der zum Militär gepreßt, ins Bordell geschickt und dann zum Töten seiner Landsleute abgerichtet wird, ist ein Beispiel dafür, wie die Unterdrückung arbeitet. Vielleicht wird er umkehren und in die andere Richtung zielen; vieles deutet auf diese Hoffnung des sich organisierenden Widerstands hin.

Wie verhalten sich die christlichen Kirchen zu diesen Formen der Unterdrückung? Das Interview spricht für sich selbst. Zwei Priester haben es gegeben. Aus jedem ihrer Worte kann man entnehmen, daß sie mit dem Rassismus, Sexismus und internationalen Kapitalismus gebrochen haben. Sie stehen auf der Seite des Volkes, sie werden mit Tausenden von anderen, die für das Volk arbeiten, verhört und ausgewiesen. Sie haben Folter und Tod riskiert.

Es hat sich in den letzten Jahren auch in der Bundesrepublik herumgesprochen, daß Klassenkämpfe nicht vor den Toren der Kirchen haltmachen – als verträten die Kirchen nur die Interessen einer Klasse! Die Rolle der Institution Kirche ist nicht mit der der Polizei vergleichbar. Immer mehr Christen kommen auf Grund ihres Glaubens zu einer Entscheidung für das Volk, gegen die über es Herrschenden; für die Armen und gegen die, die sich an der Verarmung bereichern; für den Kampf und gegen sie, die Folter und Terror schweigend mitansehen. Theologische Entscheidungen wie die, daß Christus für die Armen Partei ergriff ohne Rückhalte und klassenneutralistisches Friedensblabla nach allen Seiten, sind immer auch politische Entscheidungen. In den USA haben Millionen von Menschen für die Geiseln im Iran gebetet, die nie auf den Gedanken gekommen sind, für die vom Schah Gefolterten zu beten.

Ob ich Christus als den Richter mit den Symbolen römischer Macht darstelle oder als den Aufrührer mit dem Symbol des verachteten Kriminellen, das ist keine theologische Spitzfindigkeit, sondern kultureller Ausdruck der Leiden und Kämpfe von Menschen. Ob der Kirchenraum ein Asyl wird für Obdachlose, für «Protestleute gegen den Tod», wie der Pfarrer und Sozialist Blumhardt die Christen nannte, für Verfolgte oder ob sie ein Raum ist für Krönungszeremonielle von Staatsoberhäuptern, das sind Fragen, um die gekämpft wird. Man kann es nicht oft genug wiederholen: es gibt eine Kirche von oben und eine Kirche von unten. Sie unterscheiden sich durch die Zahl ihrer Verbündeten, und dazu gehören auch

Make love not war

Der Papst spricht über Empfängnisverhütung
er spricht nicht über Atombewaffnung

Christus spricht von den Vögeln unter dem Himmel
und den Blumen auf dem Felde

Sie rüsten nicht
sie üben das Töten nicht
sie stecken sich nicht in Panzer

Wie ein Mann und eine Frau
die Liebe machen
immer mehr Waffen weglegen
und verwundbar werden
und glücklich

die Toten, mit denen Christen sich verbunden wissen. Wer das Interview der beiden Patres liest, wird diese Verbundenheit mit den Ermordeten spüren; diese beiden Männer sprechen nicht nur für sich selbst, sie sind eins mit dem Volk, für das sie ihre Stimme erheben, und «Volk» in dem mystisch-politischen Sinn, in dem das Wort in den lateinamerikanischen Befreiungs-kämpfen gebraucht wird, meint immer auch die Toten des Volkes.

Die Kirche von oben hat ein Interesse daran zu leugnen, daß es eine Kirche von unten und eine von oben gibt. Die offizielle Propaganda der Regierung in Guatemala behauptet, es handle sich bei den Kämpfen zwischen dem Volk und seinen Mördern um «Auseinandersetzungen zwischen extremen rechten und linken Gruppen». Das Militär und die Regierung stände «in der Mitte» und versuche, Ordnung zu schaffen. Diese Art zu argumentieren ist auch in kirchlichen Kreisen weit verbreitet. Evangelische US-Missionare sehen Christus nicht in den geschundenen Indios und den zu Tode vergewaltigten Frauen, sondern «über» dem allen, jenseits der Leiden und Kämpfe des Volkes. Darum wird diese Art von Frömmigkeit von den Herrschenden gefördert und begünstigt. Die Kirche von oben übt sich, und damit bin ich ganz zu Hause, in Europa, in der Bundesrepublik, die Kirchen von oben bemühen sich, JEIN zu sagen. JEIN zum Rassismus, JEIN zum Sexismus, JEIN zum Kapitalismus. Wenn man Solidarität vermeiden will, wenn man den Christus «von oben» und fürs spätere oben predigen will, dann empfehlen sich folgende Strategien:
– Ein Interview wie dieses zu verschweigen,
– seinen «Wahrheitsgehalt» erst mal möglichst vielseitig zu überprüfen,
– andere Themen, wie die Gefährdung der christlichen Familie, zu den wichtigsten zu machen.

Spätestens in diesem Jahr, seit der Ermordung des Erzbischofs Oscar Romero, ist klargeworden, daß dieses JEIN, diese Scheinneutralität ein Mittel der Komplicenschaft ist. Worauf wartet die Deutsche Bischofskonferenz? Worauf wartet die Synode der Evangelischen Kirche in Deutschland noch? Welche Nachrichten müssen wir noch erhalten, bis wir unseren Mund auftun und klar und deutlich «nein» sagen zu Rassisten, Sexisten und Kapitalisten und allen, die von ihnen profitieren? Es hat freilich nicht viel Sinn, etwas von «der Kirche» zu erwarten, solange wir nicht selber Solidarität üben und in diesem Sinn anfangen, Kirche zu sein.

Christus hat den unsichtbaren Gott sichtbar gemacht, indem er die unsichtbaren Menschen, die Armen, die Rechtlosen, die Frauen sichtbar machte. Er war der «Mensch für andere» (Bonhoeffer). In dem Interview meiner Brüder aus Guatemala steht ein schöner Satz über die Kirche, der auch für uns hier Bedeutung hat. «Die Kirche wird nicht verfolgt, weil sie die Kirche ist, weil sie bestimmte religiöse Übungen praktiziert, sondern sie wird verfolgt, weil sie versucht, mehr oder weniger an der Seite der indianischen Bevölkerung zu stehen.» Und gerade, wenn sie das versucht, fängt sie an, «Kirche» zu werden: Die Sache mit den Augen Jesu anzusehen, nicht mit denen der Regierung; die Unsichtbaren sichtbar zu machen statt sie zu vergessen, ihren Mund aufzutun für die Stummgemachten, die Indianer Guatemalas.

Nachwort zu der Broschüre «Und sie fordern nur das Land und ihr Leben», Dezember 1980

Ita Ford, eine Nonne aus Brooklyn

Seit vier Wochen bin ich im Amerika Ronald Reagans und versuche mir ein Bild zu machen von den Schwierigkeiten, Kämpfen und Leiden der Menschen, mit denen ich zusammenarbeite, von ihrer Verzweiflung über die offizielle Politik ihres Landes, von ihrem Widerstand gegen Militarismus und Verelendung. Wie vielleicht ein Ausländer, der 1937 nach Berlin kam, einiges sehen und hören konnte, was nicht der Propaganda entsprach, so daß ihm doch ein «anderes Deutschland» sichtbar, erfahrbar wurde, so möchte ich auch etwas vom «anderen Amerika» mitteilen, das da ist trotz des offener auftretenden Rassismus, trotz der moralischen Mehrheit, die alles gegen die Abtreibung und nichts gegen einen begrenzten Atomkrieg hat und trotz El Salvador, dem neuen Vietnam.

Man kann ein Land nicht verstehen, wenn man nicht auf seine kognitiven Minderheiten hört, die Geschichte bleibt stumm, wenn wir nur auf die Sieger achten, und man kann ein Volk nicht lieben, wenn man nur seine veröffentlichte, seine Fernsehkultur zur Kenntnis nimmt.

Ich möchte das Porträt einer amerikanischen Frau skizzieren, einer katholischen Nonne, eine der vier Frauen, die Anfang Dezember in El Salvador ermordet worden sind. Ita Ford gehörte den Maryknollschwestern an, einem Missionsorden von Frauen, die nicht in Klöstern und in Ordenstracht leben, sondern in Elendsvierteln mit den Armen zusammen, für die sie da sind.

Ita Ford wurde 1940 in Brooklyn geboren, trat mit 21 Jahren nach dem Collegeabschluß in den Orden ein und ging 1971 nach Chile, kurz vor dem Sturz Allendes. Die folgenden Jahre der Schwierigkeiten und der Verfolgung haben sie geprägt; hier wuchs ihr Engagement für die Armen, hier lernte sie, was es bedeutet, sich als Christ die Sache der Armen zur eigenen zu machen, in einem Bario zu leben, mit ganz wenigen persönlichen Dingen, Tag und Nacht störbar von Leuten, die Versteck, Nahrung, Kleidung brauchen. Nachdenklich schrieb Ita 1977: «Bin ich gewillt, mit den Leuten hier zu leiden, das Leiden der Machtlosen, das Gefühl der Ohnmacht zu teilen? Kann ich zu meinen Nachbarn sagen: Ich habe keine Lösung für diese Lage, ich weiß keine Antworten, aber ich will mit euch gehen, mit euch suchen. Kann ich mich von dieser Gelegenheit evangelisieren lassen? Kann ich meine eigene Armut sehen und annehmen, so wie ich es von anderen Armen lerne?»

Die Aufzeichnungen und Briefe dieser Nonne und ihrer Ordensschwester Maura Clark werden vielleicht einmal so in der Christenheit gelesen werden wie wir heute die Briefe und Tagebücher Dietrich Bonhoeffers lesen. Märtyrersein heißt Zeuge sein, Zeuge der Wahrheit, Zeuge der Liebe, Zeuge des Widerstands und der freiwilligen Hingabe. Auch Ita Ford hätte ein anderes Leben haben können, wie Bonhoeffer, der eine glänzende akademische Karriere ausschlug, um nach Nazideutschland zurückzukehren.

Im August vorigen Jahres schrieb Ita einen Geburtstagsbrief an ihre sechzehnjährige Nichte Jennifer. Ich möchte aus diesem Brief übersetzen, den mir eine Mitschwester aus Maryknoll gegeben hat, um etwas von dem Geist zu vermitteln, der Menschen wie Ita und Maura und Dorothy und Jean getragen hat. Ita an Jennifer:

«Vor allem, ich liebe Dich und sorge mich, wie es Dir geht. Das weißt Du ja. Und das bleibt, ob Du nun ein Engel bist oder ein Bengel, ein Genie oder ein Trottel. Viel davon hängt schließlich von Dir selber ab und was Du entscheidest, mit deinem Leben zu tun.

Was ich sagen möchte, manches davon ist nicht gerade ein lustiger Geburtstagsschwatz, aber es ist real. Gestern stand ich und sah nieder auf einen Sechzehnjährigen, der ein paar Stunden zuvor getötet worden war. Ich weiß von vielen Kindern, sogar jüngeren, die tot sind. Es ist eine furchtbare Zeit in El Salvador für Jugendliche. So viel Idealismus und Engagement wird hier kaputtgemacht.

Die Gründe, warum so viele Leute getötet worden sind, sind ziemlich kompliziert, aber es gibt ein paar klare, einfache Fäden. Einer ist, daß viele Leute einen Sinn im Leben gefunden haben – sich opfern, kämpfen, ja sterben. Und ob ihr Leben sechzehn Jahre oder sechzig oder neunzig dauert – sie wissen, wofür sie leben. In mancher Hinsicht sind sie gut dran.

Brooklyn ist nicht El Salvador. Aber ein paar Dinge bleiben wahr, wo immer man ist. Und in welchem Alter auch immer. Was ich sagen möchte, ist, ich hoffe, es gelingt Dir, das zu finden, was dem Leben für dich einen tiefen Sinn gibt. Etwas, das wert ist, dafür zu leben, vielleicht sogar etwas, für das Du sterben kannst, etwas, das Dir Kraft gibt und Dich begeistert und Dich befähigt weiterzugehen.

Ich kann Dir nicht sagen, was das sein könnte, Du mußt das selber finden und wählen und lieben. Ich kann Dir nur Mut machen, danach Ausschau zu halten und Dich bei der Suche unterstützen.»

Ita Ford hat die Lektion der Armen in Chile gelernt. Als Erzbischof Oscar Romero in San Salvador um Hilfe rief, war sie bereit dorthinzugehen. Als sie ankam, war Romero gerade ermordet worden. Der Neuanfang war nicht leicht, sie vermißte ihre Mitschwestern und Freunde. Es war nicht einfach, das Vertrauen von Menschen zu gewinnen, die, durch die politische Situation terrorisiert, in ständiger Angst leben. Sie arbeitet in einem Nothilfeprogramm für Flüchtlinge. «Ich weiß nicht», schreibt sie, «ob es trotz oder wegen all des Grauens, der Angst, der Verwirrung und der Gesetzlosigkeit ist – aber ich weiß, daß es richtig ist, hier zu sein. Ich glaube, daß wir jetzt in und für El Salvador da sind, daß die Antworten auf die Fragen kommen werden, wenn wir sie brauchen werden, daß wir im Glauben eines Tages mit den Salvadorianern zusammengehen werden, auf einer Straße, die voller Hindernisse und Umwege ist und manchmal ausgewaschen.»

Ita und ihre Mitschwestern fühlten sich verantwortlich für die Nöte der Verletzten, Heimatlosen und Hungrigen. Es war ihnen klar, welche politischen Implikationen es hat, die Hungrigen zu speisen in einem Land, das in einem nicht erklärten Bürgerkrieg steht. Es gab Gerüchte, daß sie auf der Liste mehrerer rechter Terrororganisationen standen. Ende November nahm Ita an einer Konferenz in Nicaragua teil. Diese fünf Tage müssen, wie die Mitschwestern berichten, eine Zeit der tiefen Heilung für sie gewesen sein. Sie hatte zu Beginn ihrer Arbeit in El Salvador bei einem Unglücksfall ihre beste Freundin verloren. Beim Abschlußgottesdienst las sie einen Text aus einer der letzten Predigten von Oscar Romero vor, eine Voraussage, die nur 24 Stunden später an ihr wahr wurde.

«Christus lädt uns ein, die Verfolgung nicht zu fürchten, weil, glaubt mir, Brüder und Schwestern, wer sich für die Armen entschieden hat, der muß dasselbe Schicksal wie die Armen durchmachen, und in El Salvador wissen wir, was das Schicksal der Armen bedeutet: zu verschwinden, gefoltert zu werden, Gefangener zu sein und tot aufgefunden zu werden.»

Die politische Hoffnung, die sich an diesen Tod von vier Frauen knüpft, ist die wachsende Opposition der katholischen Kirche, ihrer Bischofskonferenz gegen das politische und militärische Eingreifen der USA in El Salvador.

Mitte Januar fand in Washington vor dem Weißen Haus ein Gottesdienst statt, an dem etwa 1500 Menschen teilnahmen, eine Trauerfeier «für die Vier und die Zehntausend», die im letzten Jahr in El Salvador ermordet worden sind. Vier weiße Särge wurden zum Kapitol getragen und ein großer symbolischer Sarg für die zum allergrößten Teil Nichtkombattanten, Kinder, Jugendliche, campesinos und Frauen, die als «subversiv» und «terroristisch» verdächtigt und ermordet wurden. Wie lange noch soll diese Wiederholung der Geschichte Vietnams vor sich gehen?

Über die politische Hoffnung hinaus gibt es eine spirituelle Hoffnung, aus der Menschen wie Ita Ford leben. Wie die Schrift sagt: Daher wissen wir, was Liebe ist. Christus gab sein Leben für uns. Auch wir sollen unser Leben für unsere Brüder geben (1. Joh. 3).

Das hat Ita Ford mit drei anderen am 2. Dezember 1980 getan.

Blick in die Zeit (Südwestfunk Baden-Baden)
vom 1. März 1981

Das Narrenschiff (H. Bosch)

Eine Geschichte aus dem Talmud
und Fragen für uns

Als Gott Himmel und Erde geschaffen hat,
waren ihm beide gleich lieb.
Während die Himmel sangen
und Gottes Ehre zu rühmen wußten,
weinte die Erde.
    Hast du die Erde weinen hören?
    Hast du die toten Fische vergessen?
    War dir der alte Baum im Weg?
    Sind dir die Vögel ausgeblieben?
    Hast du die Erde weinen hören?
Drei Gründe gab die Erde an für ihr Weinen.
Mich, sagte sie, hältst du fern von dir,
während die Himmel in deiner Nähe sind
und sich am Glanz deiner Herrlichkeit freuen.
    Bist du die Erde trösten gekommen?
    Als ihr Gewalt angetan wurde, hast du mitgegrölt und die Beute
    berechnet?
    Hast du gesehen, wie schön ihr altes Gesicht voller Schrunden
    ist?
    Hast du allen gezeigt, wie sie glänzt von der Nähe Gottes?
    Bist du die Erde trösten gekommen?
Meine Speise, sagte die Erde,
gabst du in der Himmel Hand.
Während die Himmel von deinem Tisch gespeist werden.
    Hast du gehört, wie die Erde klagte?
    Loswerden die oberen Herren, wer will das nicht?
    Sitzen am Tisch, der reichlich für alle gedeckt ist?
    Hast du vergessen, daß sie alle satt machen kann?
    Hast du gehört, wie die Erde gegen die Herren klagte?
Was auf mir ist, sagte die Erde,
ist dem Tode geweiht,
der nicht in der Himmel Reich kommt.
Wie sollte ich, sagte die Erde, da nicht weinen?
    Hast du die Erde sprechen hören?

Hast du die Sprache der Erde verstanden?
Hast du den Lügen der himmlischen Todfreien gelauscht?
Hast du die Trauer der Erde geteilt?
Hast du die Erde sprechen hören?
Nach den Büchern hat Gott die Erde getröstet.
Doch versprach er ihr keine Nähe,
keine bessere Speise und kein todfreies Leben.
Es soll dir nicht bange sein, Erde,
dereinst wirst auch du, sagte er,
unter den Singenden sein.
Hast du Gott trösten sehen?
Andere als durch dich oder mich?
Hast du mit der Erde gesungen?
Hast du von ihr singen gelernt?
Hast du Gott trösten sehen?
Bist du ein Trost für die Erde gewesen?

Aus: Kämpfen für die Sanfte Republik (hg. v. F. Duve/
H. Böll/K. Staeck), Reinbek 1980 (rororo aktuell 4630)

Copyright

Verzeichnis der Gedichte

gedichte von dorothee sölle: fliegen lernen

dorothee sölle: fliegen lernen. 3. auflage.
gedichte. 84 seiten, dm 12,–

in der reihe «schritte» erschienen von dorothee sölle:
meditationen & gebrauchstexte. 3. auflage.
die revolutionäre geduld. gedichte. 2. auflage.
jeder band 36 seiten, dm 4,–

fietkau

wolfgang fietkau verlag, berlin

Michael Kidron/Ronald Segal

Hunger und Waffen

Ein politischer Weltatlas
zu den Krisen der 80er Jahre

aktuell rororo

Großformat, mit über 60 vierfarbigen Schaubildern. rororo aktuell 4726

Wer mit Hilfe von Karten und Grafiken erfahren will, wie unsere Welt in den 80er
Jahren aussieht, erhält mit diesem politischen Atlas ein Anschauungsmaterial, das
es in dieser Form noch nicht gegeben hat.
Gezeigt wird hier, wo auf der Erde gehungert wird, wo gestreikt werden darf und wo
nicht, welche Länder die meisten Soldaten und welche die meisten Lehrer haben,
wer Waffen herstellt und wer sie kauft.
Der Atlas zeigt die Macht und Ohnmacht der Frauen, der Gewerkschaften, der Studenten und der Kernkraftgegner. Er zeigt, welche Konzerne die Welt regieren, welche
Ideologien uns beeinflussen und welche Religionen das Zusammenleben der Menschen bestimmen.